UNTERGEHEN ODER UMKEHREN

ALEXANDER GARTH

UNTERGEHEN ODER UMKEHREN

Warum der christliche Glaube
seine beste Zeit noch vor sich hat

EVANGELISCHE VERLAGSANSTALT
Leipzig

Alexander Garth, Jahrgang 1958, aufgewachsen in Sachsen, studierte Theologie in Leipzig. Er war Pfarrer und Gemeindegründer in Sonneberg (Thüringen), dann Pfarrer und Bereichsleiter in der Berliner Stadtmission und Gründer der Jungen Kirche Berlin, der viele Menschen aus nichtchristlichem Hintergrund angehören. Seit 2016 ist er Pfarrer an der Stadtkirche St. Marien in Wittenberg, der Kirche Martin Luthers. Der unkonventionelle Pfarrer geht besonders der Frage nach, wie Glaube und Kirche in einer säkularen, postmodernen Welt zukunftsfähig sind. Garth ist Autor vieler Bücher und lebt mit seiner Familie in Wittenberg und Berlin.

Bibliographische Information der Deutschen Nationalbibliothek:
Die Deutsche Nationalbibliothek verzeichnet diese Publikation in der Deutschen Nationalbibliographie; detaillierte bibliographische Daten sind im Internet über http://dnb.dnb.de abrufbar.

3. Auflage 2024

Printed in Germany

Das Buch wurde auf alterungsbeständigem Papier gedruckt.

Cover: Anja Haß, Leipzig
Satz: Zacharias Bähring, Leipzig
Druck und Binden: CPI books GmbH

ISBN 978-3-374-06915-6 // eISBN (PDF) 978-3-374-06916-3
www.eva-leipzig.de

Für Damaris
Lebensversüßerin, Abenteuerfreundin,
Bergkameradin, Ehefrau

EINLEITUNG

Dieses Buch ist ein Resümee aus meiner 35-jährigen Erfahrung als Gemeindegründer, Theologe, Pfarrer und Projekt-Coach. Ich denke und schreibe nicht nur in einem deutschen Horizont. Ich habe viele Kirchen und Projekte auf fünf Kontinenten kennengelernt und studiert. Die Religionssoziologie, die für mich das spannendste Forschungsgebiet ist, hat mir geholfen, globale religiöse Entwicklungen zu verstehen und der deutschen Realität gegenüberzustellen. Vieles davon ist in dieses Buch eingeflossen.

Wir erleben gerade den Beginn eines neuen Zeitalters. Die Veränderungen geschehen global und in schwindelerregendem Tempo. Für den Bereich Religion bedeutet das: Die Welt wird religiöser. Nur in Europa befindet sich das Christentum im Niedergang. Die Krise eröffnet aber zwei unglaubliche Chancen: *Erstens* die Chance des kritischen und ehrlichen Blicks auf unser ererbtes Kirchenmodell und auf unsere typisch deutsche Theologie. Entsprechen die beiden Größen dem Auftrag Christi in einer sich wandelnden Welt? *Zweitens* eröffnet die Krise des europäischen Christentums die Notwendigkeit, von den aufstrebenden Kirchen in der Welt zu lernen, was die Gründe ihres atemberaubenden Wachstums sind. Wie glauben sie? Wie erfahren sie Gott? Was ist ihre Theologie? Worin besteht das Geheimnis ihrer Kraft? Wie beten sie? Die Antworten auf diese Fragen provozieren eine Umkehr zu den Quellen vitalen Glaubens.

Seitdem ich Christ geworden bin, ist Mission mein Lebensthema. Ich glaube leidenschaftlich, dass Jesus das Beste ist, das diesem Planeten je passiert ist, und dass das alle Menschen erfahren sollen. Ich bin in einer kirchenfeindlichen Diktatur aufgewachsen, der DDR. Die zahlreichen Kirchenaustritte offenbarten damals schon die Schwäche des kirchlichen Systems. Heute rollt eine mächtige Säkularisierungswelle auch über Westdeutschland und reißt mit sich fort, was nicht in Christus verankert ist. Nur dass die Welle nicht eine atheistische Staatsdoktrin ist, sondern ein postchristlicher Säkularismus. Die Großkirchen und auch viele Freikirchen sind auf diese Situation nicht eingestellt. Mein Buch beschreibt und erläutert, woher wir kommen und wohin wir gehen. Es benennt schmerzhafte Prozesse, demaskiert Illusionen und fordert radikale Veränderungen, die nach meiner Überzeugung alternativlos sind, wenn die Kirchen nicht in Bedeutungslosigkeit versinken sollen. Als Pfarrer in Wittenberg an Martin Luthers Predigtkirche bin ich mit den Chancen und vor allem auch mit den Grenzen des landeskirchlichen Systems vertraut.

Die universitären Fachtheologen mögen mir nachsehen, dass ich komplexe Zusammenhänge verkürzt darstelle. Das geht nicht anders, wenn man ein Buch schreiben will, das auch für Nichttheologen verständlich und interessant sein soll.

Ich rechne damit, nachdrücklichen Widerspruch zu ernten. Darauf freue ich mich, das ist gut so. Allerdings beobachte ich gerade auch im akademischen Bereich eine nachlassende Bereitschaft, sich Überzeugungen zu stellen, die im Widerspruch zu den eigenen stehen. Man geht einer intellektuellen Auseinandersetzung aus dem Weg, indem man unbequeme Ansichten in eine Schublade steckt und mit dem entsprechenden Etikett versieht. Ich nenne das: *Labeln, statt lernen.* Der Apostel schreibt: »Prüft alles, das Gute behaltet«. Insofern hoffe ich, dass auch meine geschätzten Kritiker etwas Gutes zum Behalten finden. Im Übrigen gilt für alle Theologen ein demütiger Grundsatz: Im Himmel werden wir alle erkennen, dass wir nicht ganz die richtige Theologie gehabt haben. Denn »unser Wissen ist Stückwerk«. Wenn wir auf dieser Grundlage stehen, freue ich mich auf ein bisschen Streit.

Alexander Garth, Frühling 2021,
Lutherstadt Wittenberg und Berlin

INHALT

1. DAS ENDE EINER ÄRA

Zeitenwende

Die Welt hat sich in den letzten 20 Jahren in einer dramatischen Weise verändert. Zukunftsforscher, Sozialwissenschaftler und Trendanalysten sprechen davon, dass wir in einer Zeitenwende leben. Ähnlich wie vor 500 Jahren, als Martin Luther in eine neue Welt aufbrach, ändert sich gerade unsere gesamte Lebenswirklichkeit. Stichworte wie digitale Revolution, neue Medien, Migration, Klimawandel, Erlebnisgesellschaft, Relativismus, Individualisierung, Terrorismus, Identitätspolitik, Sexualisierung des Alltags illustrieren den Wandel. Die Veränderungen geschehen global und in einem atemberaubenden Tempo. Die Welt von gestern verschwindet. Wir treiben einem völlig neuen Zeitalter entgegen, das unser gesamtes Leben transformieren wird. Und kein Bereich ist davon ausgenommen: Arbeit, Partnerschaft, Freizeitverhalten, Haushaltsarbeit, Medien, Reisen, Forschung, Schule, Ökonomie, Shoppen, Sport, Gesundheit, Kinderkriegen, Erziehung. Und was ist mit Religion?

Der weltweite Aufschwung von Religion

Religion boomt, besonders das Christentum. Nicht bei uns. Aber in für uns unvorstellbarem Ausmaß in Asien, Afrika, Südamerika. Selbst in den USA. Während der

Glaube in Europa immer mehr zum Randphänomen wird, verlagert sich der Schwerpunkt des Christentums nach Süden und Osten. Neue geistliche Bewegungen schießen wie Pilze aus dem Boden. Christliche Gemeinden werden in großer Zahl gegründet und verändern die religiöse Landschaft. Ganze Regionen wenden sich dem Glauben zu. Die alte Säkularisierungsthese, dass Bildung und Wohlstand zwangsläufig zum Niedergang von Religion führen, wird heute von kaum einem Wissenschaftler vertreten. Und auch der sogenannte neue Atheismus eines Richard Dawkins ist nur eine Panikreaktion auf ein globales religiöses Erwachen. Noch vor 50 Jahren war es einhellige Überzeugung an den meisten Universitäten, dass Religion eines Tages verschwunden sein wird. Bildung und Wohlstand vertragen sich nicht mit Religion. Der Sieg der Moderne ist gleichzeitig ein Sieg über jeden Glauben. 1968 schrieb der renommierte jüdisch-lutherische Religionssoziologe Peter L. Berger in der New York Times: »Im 21. Jahrhundert wird man religiöse Gläubige möglicherweise nur in kleinen Gruppen finden, wo sie eng zusammengedrängt einer weltweiten säkularen Kultur widerstehen.«[1] Nicht nur Peter L. Berger hat sich revidiert. An der Säkularisierungsthese kann man sehen, wie eine wissenschaftlich begründete Grundüberzeugung innerhalb kurzer Zeit zum großen Irrtum einer ganzen Zunft wird. Statt des prognostizierten Niedergangs von Religion, wenn Wissenschaft, Bildung, Industrialisierung und Urbanisierung eine Gesellschaft verändern, öffnen sich gerade Gesellschaften, die sich wirtschaftlich im Aufschwung befinden und intensive Modernisierungsprozesse durchlaufen, in einem unvorstellbaren Ausmaß für den christlichen Glauben. Ausgerechnet in gebildeten und wirtschaftlich erfolgreichen Milieus gewinnt Religion an Attraktivität. Das gilt besonders für den ostasiatischen Raum, wo heute über zehn Prozent der Bevölkerung Christen sind. Vor 50 Jahren waren es gerade mal 1,2 Prozent. Wer deutsche Zahlen gewohnt ist, wo immer noch die Hälfte der Menschen einer christlichen Kirche angehört, den wird das nicht beeindrucken. Christsein in Deutschland heißt, dass man formal zu einer Kirche gehört, aber zumeist mit den Glaubensinhalten nichts anzufangen weiß und auch den Glauben kaum praktiziert. Ganz anders in den meisten Teilen der Welt. Dort bedeutet Christsein, dass man seinen Glauben kennt und bekennt, seine Bibel liest, wöchentlich einen Gottesdienst besucht und seine Gemeinde mit oft zehn Prozent seines Einkommens mitfinanziert. Das dramatischste Gemeindewachstum kann man in Afrika beobachten. Dort hat sich die Zahl der Christen in den letzten fünfzig Jahren mehr als verfünzigfacht. Das ist weniger eine Frucht der Arbeit traditioneller Christentümer, sondern neuer geistlicher Bewegungen zumeist pentekostaler Provenienz. Zwei große Bewegungen verändern Lateinamerika: das enorme Wachstum protestantischer Kirchen, zumeist evangelikal pentekostal geprägt (ihre Mitgliederzahl dürfte bei 100 Millionen liegen) und eine Revitalisierung der katholischen Kirche durch die Katholisch Charismatische Erneuerung.[2]

Europas Kirchen im Krisenmodus

Angesichts der wachsenden weltweiten Dynamik des Christentums reibt man sich beim Blick auf unseren Kontinent verwundert die Augen. Was ist bloß los mit Europa? Ein ganzer Kontinent verabschiedet sich von seinen christlichen Wurzeln. Der Westen verleugnet seine Herkunft und seine religiösen Traditionen. Besonders akut ist der Niedergang in Deutschland, dem Land der Reformation. Jedes Jahr verlassen Menschen in der Größenordnung einer deutschen Metropole eine der beiden Großkirchen. Der Niedergang wird von Jahr zu Jahr dramatischer. »Wir befinden uns im freien Fall«, sagte mir kürzlich ein Oberkirchenrat in Anbetracht des vor allem coronabedingten Rückgangs der Kirchensteuereinnahmen und der vermehrten Kirchenaustritte. Nicht viel besser geht es den meisten der klassischen Freikirchen. Viele schrumpfen resigniert vor sich hin. Nostalgisch schauen sie auf ihre missionarische Vergangenheit und stellen den Betrieb von Mission auf Überleben um. Europa ist zum christlichen Notstandsgebiet geworden. Die in über eintausend Jahren gesammelten Ressourcen der Kirchen an Immobilien, Finanzen und Privilegien täuschen darüber hinweg, dass sich die spirituelle Substanz langsam verflüchtigt und dass den Kirchen ihr wichtigstes Gut ausgeht, der Glaube an den dreieinigen Gott und die Faszination an Jesus Christus, den Ursprung und Kern dieser Bewegung. Ist der christliche Glaube ein Auslaufmodell in Europa, besonders auch in Deutschland? Wird man auf diesem alten Kontinent vitale Religion möglicherweise nur noch im Islam finden, während das Christentum – abgesehen von ein paar gläubige Inseln – schwächelnd vor sich hindümpelt?

Zwei Sterbeprozesse und zwei religiöse Megatrends

Der erste Sterbeprozess betrifft unser Kirchenmodell. Um die Krise zu verstehen, in der sich Europas Kirchen befinden, müssen wir einen Blick zurück werfen auf das kirchliche System, das wir geerbt haben: das sogenannte *Volkskirchenmodell.* Sein Hauptkennzeichen besteht darin, dass automatisch jeder Bürger (bis auf ein paar Ausnahmen mit Sonderstatus wie z. B. die Juden) zur Kirche gehört. Volk und Kirche bildeten also zwei identische Größen. Der Taufzwang, der mit staatlichen Mitteln durchgesetzt wurde, schuf die Grundlage dafür. Obgleich es ab Mitte des 19. Jahrhunderts allmählich möglich wurde, auch ohne Kirche zu leben, tragen wir das Erbe einer Unfreiwilligkeitskirche mit uns herum. Der Gedanke, dass Religion die eigene Entscheidung des Menschen ist, tauchte erstmals in der Reformation auf, setzte sich aber da noch nicht durch. Die Religion, zu der man ungefragt gehörte, entschied sich nach der Region, in der man wohnte, je nachdem, ob der Landesherr evangelisch oder katholisch war. Mit der Entdeckung der eigenen Subjektivität in der Aufklärung und der Romantik vor 200 Jahren begann ein Prozess, der eine kulturelle Revolution bewirkte, die das gesamte Verhältnis des Menschen zur Religion ändern sollte. Eintausendfünfhundert Jahre lang war Religion etwas, das man übernimmt. Man wurde automatisch in eine Religion hineinsozialisiert durch Eltern Taufe, Erziehung und überhaupt durch das gesamte soziale und politische Umfeld. Volkskirchliche Religiosität ist nicht wirklich gewählte Religiosität. Schritt für Schritt entdeckten die Menschen, dass Religion etwas ist, wofür man sich entscheiden muss. *Der Glaube wird zur Option.* Mit einem Mal passt das geerbte Volkskirchenmodell nicht mehr, weil die Weitergabe des Glaubens über Eltern und über kirchliche Institutionen nicht mehr funktioniert. Genügte es früher, einfach mit der Kirche und mit der Gesellschaft irgendwie an Gott zu glauben, brauchen die Menschen heute Gründe für den Glauben und persönliche Zugänge zum Glauben. Sie müssen als Einzelne gewonnen werden. Sie müssen zu einer persönlichen Entscheidung für Jesus und für die Kirche geführt werden. Ich weiß, dass das für einige schrecklich evangelikal klingt, bringt aber die Herausforderung der Zukunft auf den Punkt. Die Religion der Zukunft ist gewählte Religion. Nichtgewählte Religion, die im volkskirchlichen Setting die Regel war, wird es künftig kaum noch geben. Für die Zukunft der Kirche heißt das: Sie muss um Menschen werben, in Auseinandersetzung mit anderen Optionen des Glaubens (z. B. Atheismus, Buddhismus, die Pfingstkirche nebenan), eine Entscheidung zu treffen. Warum Jesus? Warum diese Gemeinde? Das geerbte Religionssystem, das daran gewöhnt war, dass die Leute einfach da sind, ist überfordert mit dieser neuen Situation. Es passt nicht in eine offene und liberale Gesellschaft, wo der Mensch frei wählt, auch die Religion. Die Volkskirche hat den Umbau ihres Betriebsmodells als dringliche Aufgabe vor sich. Doch die meisten Kirchenleute vom Gemeindekirchenrat bis zum Bischof denken, leben und operieren noch innerhalb des volkskirchlichen Paradigmas. Auch der Theologennachwuchs wird für dieses Format ausgebildet. Die viel benannte gegenwärtige Glaubenskrise ist vor allem auch eine Modellkrise. Kirche, wie wir sie kennen, läuft nicht mehr. Es ist der Anfang eines Sterbeprozesses. Wir leben gerade am Ende des ersten Drittels dieses Prozesses. Die Zahl der Kirchenaustritte wird weiter zunehmen. Die Bedingungen sind nicht mehr gegeben, unter denen Volkskirche entstand und funktionierte. Dieses Modell ist nicht zukunftsfähig.

Die Religionssoziologie konstatiert zwei religiöse Megatrends, die eine stimmige Erklärung für den Niedergang des Volkskirchenmodells liefern:

1. Der Niedergang institutioneller bzw. geerbter Religion.
2. Der Aufschwung individueller bzw. gewählter Religion.

Dem korrespondieren zwei gute Nachrichten (für alle, die das Sterben der Volkskirche für eine schreckliche Katastrophe halten).

Erstens: Unser Volkskirchensystem, das sicher seine Segenszeit hatte, gehört gar nicht wesensmäßig zum Christentum. Das Volkskirchenmodell hat sich als Staatskirche, wie noch zu zeigen sein wird, unter Bedingungen gebildet, in denen eine theokratische Staatsform das einzig denkbare Modell war. Jetzt, wo die Bedingungen in einer freiheitlichen Ordnung nicht mehr gegeben sind, kollabiert folglich auch die aus der Zeit der Staatskirche stammende Volkskirche. Die gute Nachricht ist: Mit dem Untergang der Volkskirche geht keineswegs die Kirche Jesu unter. Die gedeiht besser unter anderen Bedingungen und mit einem anderen Betriebsmodell, wie wir an dem weltweiten Aufbruch des Christentums erkennen können. Der britische Religionssoziologe *David Martin* sieht durchaus Chancen für die alten europäischen Kirchen. Die könnten zu neuer Dynamik finden, wenn »sich die alten Verbindungen der Kirchen mit der Staatsmacht und dem Territorium einmal gelockert haben«, die Kirchen sich ihrem eigentlichen Auftrag zuwenden und »die Verstrickungen und sozialen Trümmer ihrer Vergangenheit nicht länger als Hemmnisse wirken«.[3] Daher hat höchstwahrscheinlich der christliche Glaube auch in Europa seine beste Zeit noch vor sich. Das hängt auch mit dem nun folgenden Punkt zusammen:

Zweitens: Individuell gewählte Religiosität (der zweite Megatrend) ist viel näher am Neuen Testament und an dem Leben und der Verkündigung der frühen Kirche. Denn das Christentum ist original eine *Konversionsreligion.* »Kehrt um und glaubt an das Evangelium«, lautet die Zusammenfassung der Verkündigung Jesu. Und Paulus bringt seine apostolische Botschaft auf den Punkt mit den Worten: »Lasst euch versöhnen mit Gott!« Der Aufschwung gewählter Religion hat durchaus etwas Positives und Gottgewolltes: nämlich dass das eigentliche Wesen der Kirche als Gegenüber und Alternative zur säkularen Bürgergesellschaft, als »Salz und Licht der Welt«, besser verleiblicht wird und damit auch sichtbarer. Erste Ansätze für diese Entwicklung hatten wir schon einmal in der DDR als die Kirche die freie und religiöse Alternative zur Diktatur mit ihrer atheistischen Staatsdoktrin war. Aber das ist ja durch die komplette Übernahme des westdeutschen Systems verschwunden. Ein Mensch, der sich für die Option des christlichen Glaubens entschieden hat, wird diesen authentischer und begeisternder leben und verkündigen. Die Auswahl aus einer Fülle von weltanschaulichen und religiösen Angeboten beinhaltet, dass sich jemand mit den Gründen seiner Wahl eingehend beschäftigt hat. Glaube als Option macht sprachfähig. Der Prozess des Sterbens der Volkskirche wird begleitet von einem anderen Prozess: Aus einer Kirche für alle wird eine Kirche derer, die den Glauben kennen und bekennen – weniger als institutionelles Ritual im Gottesdienst, sondern als Zeugnis im Alltag.

Im volkskirchlichen System sind Menschen Kirchenmitglieder, weil das irgendwie dazu gehört, weil das halt so Tradition ist. Die Selbstreproduktion der Kirche lief ausschließlich über die Weitergabe des Glaubens in den christlichen Familien und in der pastoralen Versorgung der Mitglieder, falls sie das wünschen. Missionarisches Gemeindewachstum außerhalb dieses Settings? Fehlanzeige! Heute funktioniert die Selbstreproduktion nicht mehr. Immer weniger Familien lassen ihre Kinder taufen. Auch die christliche Erziehung in den Familien ist fast vollständig weggebrochen. Wir haben in Wittenberg für ostdeutsche Verhältnisse noch recht ansehnliche Konfirmandenjahrgänge mit durchschnittlich zwanzig Konfirmanden. Zu Beginn eines jeden Kurses interessiert mich der Grad ihrer religiösen Sozialisation. Dazu stelle ich zwei Fragen: Erstens: Wer von euch hat Eltern, die mit euch gebetet und euch im Glauben unterwiesen haben? Und zweitens: Warum wollt ihr euch konfirmieren lassen? Dazu können sie sich im Raum, in dem der Konfi-Kurs stattfindet, positionieren. An der rechten Wand können sich die aufstellen, deren Eltern sie an den christlichen Glauben herangeführt haben. In der Mitte diejenigen, die sagen »Ich weiß nicht so recht«. Und an der linken Wand die, deren Eltern den Glauben nicht weitergegeben haben. Die meisten standen links bei »nicht weitergegeben«. Einige waren sich unsicher und standen in der Mitte. Nur wenige, meisten nur zwei oder drei, positionierten sich an der rechten Wand. Dann die nächste Frage: »Warum lasst ihr euch konfirmieren?« An der rechten Wand: »Weil ich an Gott glaube«. In der Mitte: »Weiß nicht«. An der linken Wand: »Weil das meine Eltern oder Großeltern so wollen bzw. weil man das in unserer Familie so macht.« Das Resultat war, dass sich nur wenige an der rechten Wand positionierten (wieder nur zwei oder drei). Einige standen in der Mitte. Die meisten an der linken Wand bei »weil das andere von mir erwarten«. Dieses ernüchternde Ergebnis zeigt das volkskirchliche Problem. Die Weitergabe des Glaubens funktioniert nicht mehr. Die gewaltige Aufgabe heißt also, dass diese kostbaren jungen Menschen zu der großen Entdeckung finden, dass es Gott gibt und dass der Glaube erfahrbar ist als Quelle von großer Freude, Geborgenheit und Lebenskraft. Was den Weg dieser jungen Leute zu einer Entscheidung für den Glauben enorm erschwert, ist ihr Umfeld. Die meisten ihrer Freunde finden Glauben und Kirche nämlich uncool, langweilig und völlig aus der Zeit gefallen. Auch in ihren Familien finden sie diese Ansichten vor, manchmal sogar bei den Eltern. Wenn man sich die Statistik anschaut, so sind es besonders junge Leute zwischen 22 und 35, die aus der Kirche austreten. Meistens haben sie gar nichts gegen Kirche und Glauben. Sie können nur nichts damit anfangen. Was dort gelehrt, geglaubt und gelebt wird, bedeutet ihnen nichts. Es hat nichts mit ihrem Leben zu tun. Die Menschen heute brauchen handfeste Gründe, warum sie an Gott glauben sollen und warum sie dazu die Kirche brauchen. Wer keine Gründe findet, wendet sich ab und tritt aus. Es genügt heute nicht mehr, irgendwie *mit* der Kirche zu glauben.

Die Menschen brauchen ihren persönlichen Zugang, ihr eigenes Erweckungserlebnis. Und das bedeutet nicht weniger als dass die Kirche einen *Paradigmenwechsel* vor sich hat von institutioneller Religion zu gewählter Religion, eine umfassende Neuformatierung von religiöser Grundversorgung hin zur Sendung in die Welt. Die Kirchen haben eine komplette Neuausrichtung ihrer Arbeit, ihrer Kommunikation, ihrer Kultur vor sich, wenn sie nicht in der Bedeutungslosigkeit verschwinden wollen. Die meisten Kirchenleute bewegen sich mental und praktisch noch ganz im alten volkskirchlichen Setting. Sie merken zwar, dass die Arbeit schwer geworden ist. Nicht wenige verzweifeln an der gefühlten Fruchtlosigkeit ihres Tuns. Andere nehmen den kirchlichen Niedergang als unabwendbare Folge der Säkularisierung hin. Die Neuformatierung geht in Richtung *missionarische* Kirche: Ortsgemeinden, die Menschen für den Glauben begeistern können, die das Evangelium hinein kommunizieren in die Kultur der konkreten gesellschaftlichen Milieus. Kirchen, in der die Menschen die dreifache christliche Grunderfahrung machen: Gott nimmt mich an um Jesu willen, er vergibt mir meine Schuld und erfüllt mich mit dem Heiligen Geist.

Und da sind wir beim *zweiten Sterbeprozess*: Unter den Bedingungen einer Staats- und Volkskirche, in der man Mission nicht nötig hatte, weil alle dazu gehörten, konnte sich ein theologisches Denkmodell entwickeln, das – wie noch aufzuzeigen sein wird – den missionarischen Aufbruch des Glaubens behindert und verhindert: Das *liberale Denkraster.* Die sogenannte liberale Theologie des Westen – global betrachtet ein Randphänomen – hat mit ihrem Erkenntnisreduktionismus, der einem materialistischen Weltbild verpflichtet ist, das Fundament des christlichen Glaubens in einen Sumpf verwandelt und die missionarische Kraft der Kirchen beschädigt. Das ist das geistliche Drama des Westens mit der Folge einer desaströsen geistlichen Frucht- und Vollmachtslosigkeit. Das liberale Denkraster erhob die Skepsis zum alles formatierenden Prinzip und hat den Glauben derer, die ihm folgen, banal und kraftlos gemacht, ohne Wunder, ohne Mysterien, ohne Hereinbrechen des Göttlichen in unsere Lebens- und Erfahrungswelt. Für Menschen, die nach spiritueller Erfüllung und geistlicher Orientierung und Erfahrung hungern, ist der Glaube im reduktiven Setting eines fundamentalistischen Rationalismus uninteressant und langweilig. Die Demontage der christlichen Glaubensgrundlagen hat einen unübersehbaren Beitrag dafür geleistet, dass die Kirchen sich leeren. Oder, wie der österreichische Publizist und Religionswissenschaftler *Günther Nenning* das Phänomen zusammenfasst: »Die Sehnsucht boomt, aber die Kirchen schrumpfen.« Der Schaden, den diese reduktive Religion anrichtet, wird am deutlichsten sichtbar an der Christologie, dem Zentrum christlichen Glaubens. Die Christologie stellt sich der Frage »Wer ist Jesus Christus und was hat er für alle Welt vollbracht?« Das liberale reduktive Denkraster hat eine *beschädigte Christologie* hervorgebracht. Die Neuformatierung von einer Volkskirche zu einer missionarischen Kirche benötigt eine gesunde, biblische und gemäß den altkirchlichen und reformatorischen Bekenntnissen geformte Christologie. Es besteht ein enger Zusammenhang zwischen Christologie und der Dynamik eines missionarischen Aufbruchs. Dieser Sachverhalt wird von den Ergebnissen der weltweiten religionssoziologischen Forschung bestätigt und entspricht neutestamentlicher Theologie. Liberales reduktives Christentum ist in einer offenen Gesellschaft, in welcher der christliche Glaube gewählt wird, nicht zukunftsfähig. Wie der Journalist und ehemalige Leiter des ARD-Studios Südasien *Markus Spieker* in seinem Zukunftsbuch «Übermorgenland« aus globaler Perspektive schreibt, wird die theologisch liberale Schule als Elitephänomen »nur an einigen Universitäten überleben«.[4] Ich ergänze: Sie wird auch überleben auf einigen bildungsbürgerlichen Inseln westlicher Metropolen.

Der amerikanische lutherische Religionssoziologe *Rodney Stark* sagt, dass der Übergang von einem geschlossenen Religionssystem einer Staatskirche bis zu einer Kirche, die sich auf die Situation eines freien religiösen »Marktes« eingestellt hat, mindestens einhundert Jahre dauert. Als 1875 der Taufzwang in Deutschland abgeschafft und die Zivilehe durch Bismarcks Zivilstandsgesetz eingeführt wurde, war das nicht weniger als der erste Schritt zu einem freien religiösen Markt. Als schließlich 1919 die Trennung von Kirche und Staat in Deutschland vollzogen wurde, war der lange Weg frei zu einem säkularen Staat, in dem sich Religion ohne staatliche Einmischung entwickeln und ein deregulierter freier Religionsmarkt entstehen kann.

Die Chance des Umbruchs

Ich sehe im Niedergang des Systems Volkskirche, der sicher ein schmerzhafter Prozess ist, die enorme Chance, dass Kirche wieder das werden kann, wozu sie berufen ist: eine Kontrastgesellschaft zur Bürgergesellschaft, ein göttlicher Gegenentwurf zur Welt, eine Einladung Christi, Gottes Alternative zu leben. *Joseph Ratzinger*, der spätere *Papst Benedikt XVI.* hielt am 25. Dezember 1969 eine Radioansprache im Hessischen Rundfunk über die Zukunft der Kirche:

> »Aus der Krise von heute wird [...] eine Kirche von morgen hervorgehen, die viel verloren hat. Sie wird kleiner werden, weithin ganz von vorne anfangen müssen. Sie wird viele der Bauten nicht mehr füllen können, die in der Hochkonjunktur geschaffen wurden. Sie wird mit der Zahl der Anhänger viele ihrer Privilegien in der Gesellschaft verlieren. Sie wird sich sehr viel stärker als Freiwilligkeitsgemeinschaft darstellen, die nur durch *Entscheidung* zugänglich wird [...] Aus einer verinnerlichten und vereinfachten Kirche wird eine große Kraft strömen. Denn die Menschen einer ganz und gar geplanten Welt werden unsagbar einsam sein. Sie werden, wenn ihnen Gott ganz entschwunden ist, ihre volle, schreckliche Armut erfahren [...] Aber ich bin auch ganz sicher darüber, was am Ende bleiben wird: nicht die Kirche des politischen Kultes, sondern die Kirche des Glaubens. Sie wird wohl nie mehr in dem Maß die gesellschaftsbeherrschende Kraft sein, wie sie es bis vor kurzem war. Aber sie wird von neuem blühen und den Menschen als Heimat sichtbar werden, die ihnen Leben gibt und Hoffnung über den Tod hinaus.«[5]

Eine neue Ära bricht für die Kirchen in Europa an. Die privilegierte Stellung der klassischen Großkirchen und überhaupt des Christentums auf diesem Kontinent wird Schritt für Schritt abnehmen. Das bedeutet, wir müssen opferbereiter, vollmächtiger, glaubwürdiger, geistinspirierter Gemeinde bauen. Wir können uns nicht mehr verlassen auf Gelder, staatliche Subventionen, Privilegien. Aber der weltweite Aufbruch des Christentums zeigt, dass Gemeinden unter anderen Bedingungen – ohne Staatsleistungen, ohne die schönsten Gebäude in den besten Lagen der Stadt, ohne sichere Gehälter der Pastoren, ohne dicke Listen mit tausenden von inaktiven Gemeindemitgliedern – effektiver und dynamischer arbeiten als hierzulande.

2. VON EINER VERFOLGTEN RELIGION ZUR STAATSRELIGION

Als das Christentum eine revolutionäre Alternative war

Das Christentum war nicht immer eine privilegierte und staatlich gestützte Religion, zu der fast ausnahmslos jeder gehörte. In vielen Teilen der Welt formieren sich die Kirchen recht ansehnlich unter ganz anderen gesellschaftlichen Bedingungen. Sie sind oft eine Minderheit und sie agieren als religiöse Player auf einem freien religiösen Markt, auf dem es viele andere Mitspieler gibt. Das Christentum startete als absonderliche jüdische Sekte am Ostrand des römischen Reiches. Die neue Religion wuchs kontinuierlich trotz zeitweiliger Verfolgungen und vieler Widerstände. Wir nähern uns heute Bedingungen, die den damaligen ziemlich ähnlich sind. Nach der Trennung von Staat und Kirche in Europa, dem Entstehen eines freien religiösen Marktes und einem gesellschaftlichen Klima, das dem Christentum gegenüber nicht mehr so wohlgesonnen ist, gibt es eine Reihe von Parallelen zu den Verhältnissen, wie wir sie in der Zeit vorfinden, als das Christentum noch eine unterprivilegierte und verfolgte Minderheit war. Das bedeutet, wir müssen in den Grundstrukturen wieder Kirche Jesu bauen wie zur vorkonstantinischen Zeit. Daher gewinnen die Fragen an Bedeutung: Was können wir lernen von der wachsenden

Kirche der ersten drei Jahrhunderte? Worin liegen die Gründe ihres Erfolgs? Was könnte auch heute funktionieren? Ich möchte Sie daher mitnehmen auf eine kleine Reise in die ersten drei Jahrhunderte.

Die Dynamik des Christentums in dieser ersten Zeit sorgt bis heute für Verwunderung und Ratlosigkeit. Ich stelle mir vor, ich wäre im Jahre 60 der Beauftragte des Kaisers für religiöse Angelegenheiten. Nero, so der berüchtigte Imperator, will wissen, was es mit den Christen auf sich hat und ob sie eine Gefahr für das Reich darstellen? Ich sage ihm, dass die Christen eine krude jüdische Sekte sind, entstanden irgendwo am Ostrand des Imperiums. Ihr Gott ist ein jüdischer Handwerker und religiöser Fanatiker, der vor dreißig Jahren gekreuzigt wurde. Seine Anhängerschaft besteht aus ein paar ungebildeten Juden. Also, lieber Nero, vergiss diese ärmliche Sekte. Sie hat keine Bedeutung und gleich gar keine Zukunft.

Entgegen dieser Prognose wuchs die junge christliche Bewegung aber rasant und durchdrang das gesamte Römische Reich innerhalb von drei Generationen. Sie wurde verpönt, verboten, verfolgt, doch ihre Anhängerschaft nahm zu und erreichte Menschen von armen Sklaven bis hin zu Angehörigen des Kaiserhauses – und das ohne Kirchen, ohne große Gebäude, ohne öffentliche Gottesdienste, ohne Großveranstaltungen in den Stadien, ohne missionarische Straßeneinsätze auf den Plätzen der Metropolen. Was war das Geheimnis ihres Wachstums? Ganze Abteilungen von Theologen, Historikern und Religionssoziologen versuchen den Gründen auf die Spur zu kommen. Das Resultat? Das Geheimnis ihres Erfolgs liegt darin, wie diese frühen Christen lebten und glaubten. Das soll hier in zehn Faktoren für das Wachstum der Kirche in den ersten drei Jahrhunderten zusammengefasst werden:[6]

Erstens: Sie glaubten, dass *nur* Jesus Christus der Weg zu Gott ist. Wer sein Leben auf Jesus baut, der hat die Vergebung seiner Sünden und das ewige Leben. Das ist zusammengefasst in dem urchristlichen Symbol des Fisches. In der damaligen griechischen Weltsprache ICHTHYS: Iesous Christos THeou Yios Sotär (Jesus Christus Gottes Sohn Retter). Religiös war die römische Antike eine bunte Mischung aus allen möglichen Religionen, Götterkulten und orientalischen Mysterien. Der Glaube an die launischen, selbstsüchtigen und oft auch bösartigen Götter der Antike wurde kaum noch ernst genommen und stand im Widerspruch zum christlichen Glauben. Die heidnischen Götter wurden zwar verehrt, doch nicht aus Liebe, sondern um deren Gunst zu erwerben und deren Zorn abzuwehren. Der Gott des Christentums hingegen ist ein gütiger Vater. Im Zentrum des Glaubens steht die Liebe zu Jesus und zu allen Menschen. Die Exklusivität des Glaubens und die totale Unterschiedenheit zur antiken Götterwelt machte das Christentum attraktiv und anstößig.

Zweitens: Es dauerte nicht lange, bis regional die ersten Verfolgungen der jungen Kirche stattfanden. Die entzündeten sich zumeist daran, dass die Christen sich weigerten, dem Kaiser zu opfern und ihn damit als Gott zu verehren. Meistens waren es die christlichen Leiter, die öffentlich, manchmal nach schwerer Folter, hingerichtet wurden. Es beeindruckte, dass diese Christen lieber in den Tod gingen, als ihrem Glauben abzuschwören. Später kam es vereinzelt auch zu grausamen Massenhinrichtungen. Unter dem Johlen der Menge wurden Christen in den Stadien von wilden Tieren gefressen oder von Gladiatoren getötet. Singend und betend erlitten die Glaubenszeugen das Martyrium. Aber für jeden in der Arena Getöteten gab es Dutzende in den Reihen der Zuschauer, die von der Glaubensfestigkeit der Opfer berührt wurden und den christlichen Glauben annahmen. Christen gingen demütig, geduldig und mitunter sogar freudig für ihren Glauben in den Tod. Das faszinierte und überzeugte viele Menschen. Die Treue zu Jesus in den Zeiten der Verfolgung ist ein wichtiger Faktor für das Wachstum der frühen Kirche.

Drittens: Der Lebensstil der Christen hob sich ab vom Lebensstil der Nichtchristen. Das zeigte sich z. B. auch daran, dass die Christen nicht teilnahmen an den Gladiatorenfestspielen und anderen makabren oder perversen Volksbelustigungen. Der alternative Lebensstil der Christen fiel auf. Er brachte ihnen einerseits den Ruf moralischer Tadellosigkeit ein, andererseits aber auch Hass und Verachtung.

Viertens: Die antike Gesellschaft war streng in Klassen eingeteilt. Ganz unten standen die Sklaven. Sie waren absolut rechtlos und wurden brutal ausgebeutet als »sprechende Werkzeuge«, als billige Arbeitstiere und sexuelle Lustspender. Unter den freien Bürgern unterschied man sehr genau zwischen Gebildeten und Ungebildeten, Armen und Reichen, Mächtigen und Machtlosen. Ganz anders bei den Christen. Wenn sie sich versammelten – oft bei begüterten Gemeindemitgliedern, die ein Haus hatten, vielleicht sogar mit Pool –, saßen arm und reich beieinander, einfältig und klug, Mann und Frau, Sklave und Herr, schäbig und vornehm gewandet. Sie feierten das heilige Abendmahl, beteten Jesus an und priesen ihn mit

Liedern und Gebeten, in Latein und in Zungen. Sie waren versammelt als Gottes Familie, zu Brüdern und Schwestern vereint durch den einen Herrn und Erlöser Jesus Christus, dem Lebendigen und Auferstandenen. Man kann sich heute kaum noch vorstellen, was das für eine revolutionäre Provokation in der damaligen Sklaven- und Ständegesellschaft war. Und es zeugte von der Macht des Glaubens, dass so unterschiedliche, teils abweisend oder gar feindlich zueinander stehende Menschen zu einer Gemeinschaft der Liebe zusammengeschweißt wurden.

Fünftens: Christen zeichnete eine hohe Wertschätzung menschlichen Lebens aus. Deshalb betrachteten sie Abtreibung und Kindstötung als Sünde. Das unterschied sie von ihrer heidnischen Umwelt. Da war es ganz normal, dass man ungewollte Babys aussetzte, um sich ihrer zu entledigen. Die Römer warfen sie in den Tiber. Das war übliche Praxis. In den Augen der Christen hingegen waren Kinder ein Gottesgeschenk. Sie sorgten deshalb nicht nur für die eigenen, sondern zogen oft fremde Kinder mit auf, als ob es die eigenen wären. Das sprach sich herum, weshalb man oft Babys auf den Schwellen von christlichen Häusern fand. Mancher Heide sagte sich: »Wenn ich mich schon nicht um mein Baby kümmern kann, so tun es wenigstens die Christen.« Christliche Familien hatten daher oft viele Kinder. Die Religionssoziologie konstatiert, dass es nicht nur Bekehrungen waren, die zum Wachstum der frühen Kirche führten, sondern auch der Faktor des biologischen Wachstums.

Sechstens: Die frühe Kirche setzte sich von Anfang an für die Armen ein. Schon in der Jerusalemer Urgemeinde wurden sieben Diakone berufen mit der Aufgabe, sich um die Armen zu kümmern. Zum Engagement der frühen

Christen gehörte nicht nur das Geben von Almosen und die klassische Armenfürsorge, sie sammelten auch Gelder, um Gefangene und Sklaven freizukaufen. Manche verkauften sich sogar selbst in die Sklaverei, um anderen die Freiheit zu ermöglichen. So schrieb Clemens, Bischof von Rom, am Ende des 1. Jahrhunderts: »Wir wissen von vielen bei uns, die sich selbst in Ketten überliefert haben, um andere zu erlösen. Viele haben sich selbst in Sklaverei gegeben, und mit ihrem Kaufpreis haben sie andere gespeist.« Im 3. Jahrhundert organisierte der Bischof von Karthago eine Kollekte zum Freikauf von Sklaven. Welchen Eindruck der Einsatz für die Armen auf die Heiden machte, verrät ein Brief des Kaisers Julian. Der Christengegner schrieb um das Jahr 355: »Die gottlosen Galiläer ernähren außer ihren eigenen Armen auch noch die unsrigen. Die unsrigen aber ermangeln offenbar unserer Fürsorge.«

Siebentens: Die neuere Religionssoziologie hat die Rolle der christlichen Frauen für das Gemeindewachstum in den Blick genommen. Der Religionssoziologe *Rodney Stark* widmet in seinem Buch »The Rise Of Christianity« ein ganzes Kapitel dem wichtigen Beitrag, den Frauen für den Aufstieg des Christentums leisteten. Frauen waren als Missionarinnen aktiv und auch erfolgreich, leiteten Hausgemeinden, organisierten diakonische Projekte. Frauen genossen innerhalb der Kirche einen wesentlich höheren Status der Anerkennung als in der heidnischen Umwelt. Daher war der christliche Glaube für Frauen besonders attraktiv. Oft bekehrten sie sich *vor* ihren Männern, die dann von ihren Gattinnen missioniert wurden. In der Religionssoziologie fand man ein spezielles Wort dafür: Sekundärbekehrung.

Achtens: In unserer heutigen sexualisierten Kultur fällt auf, dass in der frühen Kirche eine strenge Sexualmoral gelebt wurde, die sich von der Moral der Heiden unterschied. Sex außerhalb der Ehe galt als Unzucht. Während man im Heidentum Männern noch gewisse Freiheiten einräumte, galt der Ehebruch im Christentum beim Mann genauso wie bei der Frau als Sünde und schwerer Loyalitätsbruch.

Neuntens: Besonders in den ersten Jahrhunderten war für Christen klar, dass ein Christ nicht mitmachen darf bei den Eroberungskriegen des Kaisers. Tertullian, einer der wichtigsten Theologen der frühen lateinischen Kirche, schrieb um das Jahr 200: »«Wie kann einer Kriege führen, wie kann einer auch nur in Friedenszeiten Militärdienst leisten, wenn ihm der Herr das Schwert weggenommen hat?« Zwar ist diese grundsätzliche Position im 4. Jahrhundert aufgeweicht worden, als das Römische Reich an seinen Grenzen immer mehr unter Druck geriet. Aber grundsätzlich gilt, dass die Kirche als heiliges und priesterliches Volk sich nicht für weltliche Machtinteressen missbrauchen lassen darf, gleich gar nicht, wenn dabei Blut vergossen wird.

Zehntens: Ein wichtiger Faktor für die Ausbreitung des Christentums ist das Verhalten der Christen in den schrecklichen Epidemien, die in den ersten drei Jahrhunderten das Römische Reich heimsuchten und viele Menschenleben forderten. *Zum einen* waren es die christlichen Werte von Nächstenliebe und Barmherzigkeit, welche das Verhalten der Christen bestimmte. Diese kümmerten sich nicht nur um die eigenen Kranken und Sterbenden, sondern auch um die von der Pest befallenen heidnischen Nachbarn, während deren Angehörige sie in panischer Flucht ihrem Schicksal überlassen hatten. *Zum anderen* boten die heidnischen Religionen kaum Trost und Halt in dieser Not, während die Christen die helfende Nähe Gottes und das ewige Leben im himmlischen Jerusalem bezeugten. Das hat viele zum Glauben gebracht.

Diese zehn Faktoren haben im Zusammenspiel die Ausbreitung des Christentums im damaligen römischen Imperium bewirkt. Sie gehen alle auf ein Grundprinzip zurück: Jeder einzelne Christ verstand sich als Botschafter des Gottes der Liebe, als Bürger des neuen Gottesvolkes, als königlicher Priester, der berufen ist, den Menschen das Erbarmen des Schöpfers zu bringen in Wort und Tat. Als Jünger und Jüngerinnen Christi breiteten sie das Evangelium aus über soziale Netzwerke von Familie, Freunden, Nachbarn und Kollegen. Der katholische Theologe *Gerhard Lohfink* hat das Wesen der frühen Kirche mit einem Wort beschrieben, das deren Charakter treffend zusammenfasst: *Kontrastgesellschaft*. Die Kirche ist nach dem Neuen Testament und dem Zeugnis der frühen Christenheit ein Gegenentwurf zur Welt, ein Gegenüber zur Bürgergesellschaft, eine Alternative zur Masse, ein Gegenmodell zur Welt, welches in einem scharfen Gegenüber zu ihr steht.

Eine verfolgte religiöse Bewegung wird Staatsreligion

Wer die christliche Kirche der ersten drei Jahrhunderte studiert und sie mit dem vergleicht, was in den folgenden Jahrhunderten daraus wurde, dem drängt sich eine Frage auf: Wie konnte sich diese dynamische, unangepasste, exklusive religiöse Bewegung zu etwas Mittelmäßigem und Angepasstem entwickeln, wie wir es in der westlichen Welt heute finden?

In den Jahren 303 bis 310 ging eine schreckliche Verfolgungswelle über die Kirche. Der Besitz der Christen wurde konfisziert. Die Bürgerrechte wurden ihnen abgesprochen. Viele verloren ihr Leben. Aber im Jahr 311 wurde den Anhängern der neuen Religion die freie Religionsausübung gestattet. Das Christentum war zwar noch nicht der römischen Reichsreligion gleichgestellt, aber die Christen konnten nun endlich ihren Glauben unbehelligt praktizieren. Dem Kaiser indes musste diese neue Religion trotz Duldung ein Dorn im Auge sein. Ziel der kaiserlichen Religionspolitik war es schon immer, einen einheitlichen Kultus als geistige Klammer um das Reich zu haben. Der Kaiser war als Pontifex Maximus, als »Brückenbauer« der oberste Priester, der Mittler zwischen den Göttern und den Menschen. Daher hatte Religion als Identitätsstifter für die Imperatoren oberste Priorität. Aber was macht so ein oberster Religionsvertreter, wenn er merkt, dass die alte Religion, auf die sich das Reich stützt, müde und kraftlos geworden ist? Die Götter Roms hatten längst ihren Glanz verloren. Kaum noch jemand glaubte an die alten Geschichten von den Göttern mit ihren Intrigen um Macht, Eitelkeit und Eifersucht. Gleichzeitig gab es jene neue Religion, welche die Menschen faszinierte und das gesamte Imperium durchdrungen hatte vom Sklaven bis zur Kaiserfamilie. Alle Versuche, das Christentum auszumerzen, waren gescheitert. Kaiser Konstantin war der Erste, der mit der neuen Religion flirtete. Er hatte als kühler Stratege und Machtmensch ein Gespür dafür, wo die gesellschaftlichen Kräfte liegen, die seine Position als Kaiser festigen könnten. Im Edikt von Mailand stellte er 313 das Christentum der alten Reichsreligion gleich. Eigentlich war nun in Sachen Religionen eine ideale Situation eingetreten. Das Christentum konnte sich ungehindert entfalten und im freien und friedlichen Wettbewerb mit anderen Religionen für den Glauben werben, öffentliche Gottesdienste feiern und Kirchen bauen für die wachsende Zahl von Anhängern. Doch das Interesse des Kaisers lag nicht darin, dass verschiedene Religionen tolerant nebeneinander existieren. Er brauchte die Religion als einheitlichen ideologischen Überbau für den Staat. Was war dafür besser geeignet als das reichsweit gut organisierte und hierarchisch geordnete Christentum? Und so machte Konstantin als Chefpriester des Reiches die neue Religion zur Chefsache. Obgleich Konstantin bis kurz vor seinem Tod ein Ungetaufter war und damit nicht einmal zur Kirche gehörte, organisierte und leitete er Konzilien, diktierte theologische Bekenntnisse, machte den Sonntag zum Feiertag und griff immer wieder in innerkirchliche Entscheidungen ein. Indes war der Lebensstil des Kaisers alles andere als christlich. Wenn es um die Ausbreitung seiner Macht ging, schreckte er wie seine Vorgänger auch nicht vor Mord zurück, nicht einmal vor dem Mord an seiner Ehefrau und seinem Sohn.

Schritt für Schritt wurde unter Konstantin und seinen Nachfolgern das Christentum zur privilegierten Religion. Aber noch galt die Religionsfreiheit auch für die alten heidnischen Kulte. Das sollte sich bald ändern, denn die politisch zunehmend instabile Lage des römischen Reiches machte eine einheitliche Reichsreligion, welche die Macht des Imperators sichern und ausweiten sollte, immer notwendiger. Es war nur eine Frage der Zeit, bis die schwächelnde Religion der antiken Götter durch eine neue kraftvollere ersetzt wurde, die nun für alle Bewohner des Reiches zur verbindlichen Staatsreligion erhoben wurde.

Am 27. Februar 380 war es so weit. An diesem Tag unterschrieb der oströmische Kaiser Theodosius in Anwesenheit des weströmischen Kaisers Valentinian ein Dekret, durch welches das Christentum für das gesamte römische Reich, Ost und West, zur Staatsreligion erklärt wurde. In dem Dekret heißt es: «Alle Völker sollen sich zu der Religion bekehren, die der göttliche Apostel Petrus den Römern überliefert hat. Das bedeutet, dass wir gemäß apostolischer Weisung und evangelischer Lehre eine Gottheit des Vaters, Sohnes und Heiligen Geistes in gleicher Majestät und heiliger Dreifaltigkeit glauben. Nur diejenigen, die diesem Gesetz folgen, sollen katholische Christen heißen dürfen. Die übrigen, die wir für wahnsinnig erklären, haben die Schande ketzerischer Lehre zu tragen. Auch dürfen ihre Versammlungsstätten nicht als Kirchen bezeichnet werden. Sie sollen die göttliche Vergeltung, dann aber auch unsere Strafgerechtigkeit erhalten, die uns durch himmlisches Urteil übertragen worden ist.« Was an diesem Tag nach siebzigjähriger Schwangerschaft geboren wurde, ist das sogenannte *Konstantinische Kirchenmodell.* Zwar war Kaiser Konstantin nicht der Gründer, aber er war der Ideengeber und der Initiator.

Das Christentum wird zur Zwangsreligion

Von nun an wurde das Christentum mit staatlichen Mitteln durchgesetzt. Die alte Religion der antiken Götter wurde verboten. Tempel mussten ihren Betrieb einstellen. Man riss sie entweder ab oder wandelte sie in Kirchen um. Priester verloren ihre Arbeit und ihren Unterhalt. Alte Heiligtümer wie das Orakel von Delphi, für das antike Griechenland der Ort, an dem man die Götter um Weisung bitten konnte, wurden zerstört. Heidnische Kultveranstaltungen wurden zum Staatsdelikt. Menschen, die an ihren überlieferten Glauben festhalten wollten, wurden drangsaliert.

Religiöse Lehren, die von der offiziellen Lehrmeinung der Kirche abwichen, waren nun Staatsverbrechen. Wer solche Lehren vertrat, musste um Leib und Leben fürchten. Alle Einwohner des römischen Reiches (mit Ausnahme der Juden, für die Sonderrechte galten), die noch nicht getauft waren, mussten sich taufen lassen. Das geschah aber nicht im Hauruck-Verfahren, sondern war ein längerer Prozess, an dessen Ende ein Reich stand, in dem alle Einwohner, mit Ausnahme der Juden, getaufte »Christen« waren.

In den meisten Ländern Europas bestand der Taufzwang bis in das 19. Jahrhundert. Die Taufe von Säuglingen, deren Eltern sich aus weltanschaulichen Gründen der Taufe verweigerten, wurde häufig mit polizeilichen Mitteln durchgesetzt. Es konnte passieren, dass die Eltern ins Gefängnis kamen oder hohe Geldstrafen zahlen mussten. In dieser Praxis unterschieden sich die protestantischen Länder nicht von den katholischen. Wir beurteilen das heute aus der Sicht eines von Freiheit und Individualismus geprägten Denkens. Damals fanden es die meisten Menschen für bestrafungswürdig, wenn man einem anderen Menschen, dazu noch dem eigenen Kinde, die Taufe und damit dem Bund mit Gott verweigerte.

Minimalchristentum wird zum Normalchristentum

Nach wissenschaftlichen Schätzungen waren im Jahr 380, als das Christentum Staatsreligion wurde, etwa zehn Prozent der Einwohner des römischen Reiches Christen. Was wurde aus den neunzig Prozent Heiden? Sie mussten sich nach und nach taufen lassen. Aber waren die neunzig Prozent, die in die Kirche hinein getauft wurden, damit auch gläubige Christen geworden? Wurden sie durch die Taufe automatisch zu Nachfolgern Jesu? Glaubten sie als Zwangsgetaufte an den dreifaltigen Gott? Wurden sie durch die Taufe mit dem Heiligen Geist erfüllt, wie es die gängige Erfahrung in der vorkonstantinischen Kirche war? Nun, es hat sicherlich auch Menschen gegeben, welche die Religion nicht wechselten, weil man das jetzt so machen musste, sondern weil sie gute Gründe entdeckten, wirklich Christen zu werden und sich taufen zu lassen. Aber für die große Masse der Zwangsgetauften war die Übernahme des christlichen Glaubens eine rein opportunistische Angelegenheit. Es war von Vorteil, wenn man sich taufen ließ, so wie es zu DDR-Zeiten der Karriere und dem Einkommen zuträglich war, wenn man aus der Kirche austrat und in die Partei eintrat. Wir können davon ausgehen, dass nur wenige Jahrzehnte nach dem Schicksalsjahr 380 die Kirche zum großen Teil aus

Menschen bestand, die weder gläubig waren noch christlich lebten. Denn es galt auch damals, was bis heute wahr ist: Wenn Religion aufgezwungen wird, dann nehmen die Menschen den neuen Glauben an entweder halbherzig oder heuchlerisch. Was oberflächlich wie ein großer Sieg des Christentums aussieht, entpuppt sich in Wahrheit als tragische Niederlage des jesusförmigen Christentums, das nun in der Kirche zur Ausnahme wurde, zur Minderheit. Aus einer radikalen Bewegung der Nachfolge Christi, wurde eine angepasste Staatskirche, aus dem Glauben, der in der totalen Hingabe an den Auferstandenen bestand, wurde eine opportunistische Staatsreligion. *Ein Durchschnittschristentum wurde zum Standard, ein Minimalchristentum zum Normalchristentum.* Das ist bis heute unser konstantinisches Erbe. Die heutige Säkularisierung, die Religionskriege der Vergangenheit, die geistesgeschichtliche Entwicklung, überhaupt die Geschichte des Abendlandes kann man nur verstehen vor dem Hintergrund, dass das Christentum in der Phase, da die Völker Europas christianisiert wurden, eine Staatsreligion war.

Als das Weströmische Reich unter dem Ansturm der Völkerwanderung zusammenbrach und in unterschiedliche Herrschaftsbereiche zerfiel, war damit keineswegs das Ende des Staatskirchentums gekommen. Im Gegenteil. Die neuen Herrscher stützten sich auf die Macht der Kirche. Die blieb eng verflochten mit dem Staat. Ein Prozess der Verweltlichung der Kirche setzte ein. Sie verlor an geistlicher Kraft und moralischer Autorität. Als Reaktion darauf formierte sich leise eine nonkonformistische Gegenbewegung zur institutionellen Kirche. Das jesusförmige Christentum wanderte zumeist aus in die geistlichen Gemeinschaften und in die Klöster, die sich innerhalb der verfassten Kirche bildeten. *Benedikt von Nursia*, Student in Rom, war um das Jahr 500 entsetzt vom kirchlichen und moralischen Sittenverfall in der nun christlich gewordenen ehemaligen Reichshauptstadt. Mit einer Gruppe junger Männer, die ein gottgefälliges Leben führen wollten, zog er in die Berge und gründete ein Kloster. Als Vater des abendländischen Mönchtums, wie er später genannt wurde, war er der Initiator einer Bewegung, welche die Kirche bis heute mit authentischem Christsein inspiriert. Die Klöster wurden zu den eigentlichen Zentren geistlichen und missionarischen Lebens. Von ihnen aus gingen zahllose Initiativen, die Mission unter den christlich gewordenen Heiden nachzuholen. Besonders irische Mönche evangelisierten in den nun von christlich gewordenen Herrschern unterworfenen und christianisierten Gebieten – teilweise mit beachtlichem Erfolg.

Von gewählter zu geerbter Religion

Was geschieht in einer Kirche, zu der man automatisch gehört, in der die Religion geerbt, aber nicht gewählt wurde? Wie steht es um den Glauben und die missionarische Kraft eines Christentums, das aus Mitgliedern besteht, die den Glauben alternativlos übernehmen mussten? Der Missionsgedanke, der in der alten Kirche mit Herz und Hingabe praktiziert wurde, stirbt. Wenn alle Bürger schon irgendwie Christen sind, dann ist Mission eigentlich überflüssig, ja sogar schädlich, weil es dann Christen gibt, die etwas Besseres sein wollen, bekehrter, echter, hingegebener. Es genügt dann, dass die Kirchenmitglieder in ihrem

(Minimal)-Glauben betreut und gestärkt werden. Sie werden parochialisiert (Gemeinden zugeordnet), sakramentalisiert, aber nicht missioniert. Das ist im staatskirchlichen Modell überflüssig. Ich lese sehr gern Biografien von Männern und Frauen, die in der Kirchengeschichte geistliche, vor allem auch missionarische Aufbrüche initiierten. Es gibt wohl keinen Heiligen, der nicht zutiefst schockiert war über den Zustand seiner Kirche, die oft von einem in Prunk und Weltlichkeit verstrickten Klerus geleitet wurde. Auch das normale Kirchenvolk hatte oft nur eine oberflächliche Ahnung, was der christliche Glaube überhaupt bedeutet und wie man als Christ in der Nachfolge Jesu lebt. Im Staatskirchenmodell und in der späteren Volkskirche schlief der Missionsgedanke fast völlig ein. Mission, Identität und Herzschlag der Kirche, wurde nun zum Handlungsfeld von ein paar Außenseitern, die noch wussten, dass der Glaube das Ja des Menschen erfordert, Jesus entschieden nachzufolgen. Trotz starker Verweltlichungstendenzen in der nachkonstantinischen Kirche war dennoch echtes christliches Leben nicht ausgestorben. Es entstand so etwas wie eine Volksfrömmigkeit, in der neben heidnischem Aberglauben auch echte Nachfolge Jesu ihren Ausdruck fand.

Kein Gegenüber mehr zur Bürgergesellschaft

Aus dem Christentum als Kontrastgesellschaft zur Welt wurde eine Jedermanns-Staatskirche und später eine Volkskirche. Wenn aber alle irgendwie zur Kirche gehören, wenn Bürgergesellschaft und christliche Gemeinde identisch sind, dann fehlt der Gesellschaft das christliche

Gegenüber, das den Unterschied macht und das Wesen des Glaubens profiliert. Das Besondere, Einzigartige, Provozierende, Unterscheidende und die Gesellschaft Hinterfragende des Glaubens gerät in Vergessenheit. Wie kann eine an Staat und Gesellschaft angepasste Kirche noch ein Korrektiv für die Institutionen des Staates sein? Jesus hat die Kirche berufen, Salz der Erde und Licht der Welt zu sein. Kann sie dieses großartige Mandat erfüllen, wenn sie gar kein verifizierbares Gegenüber zur Bürgergesellschaft ist? Verliert sie nicht ihre Würz- und Leuchtkraft? Werden die Menschen nicht Achtung und Respekt vor dem Glauben und der Kirche verlieren, wenn diese lebt und handelt wie alle Welt und involviert ist in die Machenschaften des Staates? Was Glaube eigentlich bedeutet, wurde immer unsichtbarer und verborgener. Der »Komm-und-sieh-Charakter« der Kirche wurde verdunkelt. Tertullian schrieb noch im 2. Jahrhundert über die Kirche: »Seht, wie sie einander lieben.« Im 6. Jahrhundert hätte das wohl kaum noch einer als Merkmal der Christen angegeben. Gemeinde Jesu war fast unsichtbar geworden, aufgegangen in einer anonymen Masse.

Die Kirche in der Versuchung der Macht

Die Kirche wurde zur staatstragenden Institution. Es war der Beginn der tragischen Geschichte eines wechselseitigen Missbrauchs zwischen Staat und Kirche. Die große Versuchung bestand nun darin, den Staat zu instrumentalisieren, um den christlichen Glauben durchzusetzen, Irrlehren zu verhindern und Ketzer zu bestrafen. Das wurde in den ersten sechshundert Jahren, in denen das

Christentum staatlich verordnete Volksreligion geworden waren, noch recht zurückhaltend praktiziert. Aber etwa ab dem Jahr 1000 häuften sich im Auftrag der Kirche die Zahl der Hinrichtungen von sogenannten Ketzern. Durch die Inquisition wurden Tausende nach Verhör, oft verbunden mit Folter und anschließender Auslieferung an die staatliche Gewalt, hingerichtet. Auch die Reformatoren Luther, Zwingli und vor allem Calvin bejahten die Hinrichtung von Ketzern. Protestanten und Katholiken brachten sich gegenseitig um. Das eskalierte in den Religionskriegen, dem Hugenottenkrieg in Frankreich und dem Dreißigjährigen Krieg in Deutschland. Weite Teile wurden total verwüstet, und die Einwohnerzahl dezimierte sich um die Hälfte.

Wenn Thron und Altar, Schwert und Kreuz nicht getrennt sind, dann sind die Kriege, Eroberungen und Massaker eines »christlichen« Herrschers immer auch Kriege des Christentums und der Kirche. Die Liste der Schandtaten, die christliche Herrscher verübten, manchmal sogar im Namen Gottes, ist lang. Eine kleine Auswahl: Das Massaker an taufunwilligen Sachsen durch Karl den Großen, die Katharerkriege, die Schwertmission unter den Slawen, die Eroberung Jerusalems durch die Kreuzfahrer mit anschließendem Massaker an den Einwohnern. Mitunter griffen sogar Kirchenleute, Päpste wie Julius II. und Fürstbischöfe (wenn Bischöfe gleichzeitig kirchliche und politische Herrscher waren), höchst persönlich zu den Waffen, zettelten blutige Kriege an und inszenierten schmierige Intrigen.

Es war für den jungen Protestantismus eine geschichtliche Notsituation, dass in den Staaten, die evangelisch wurden, die Landesherren gleichzeitig auch die Oberhoheit über die nun evangelische Kirche bekamen. Die erneuerte Kirche, die sich Martin Luther vorstellte, sah anders aus. Die Einrichtung des *Landesherrlichen Kirchenregiments*, so der Spezialausdruck dafür, bedeutet nicht weniger als die totale Übernahme der Kirche durch den Staat. Während in den katholischen Ländern, in denen ein weltlicher Fürst herrschte, also kein Fürstbischof, die Institution der Kirche immer noch ein Gegenüber zur staatlichen Autorität war, wurden in den evangelischen Staaten die Fürsten de facto zu Fürst-Bischöfen. Diese Ehe von Thron und Altar wurde erst 1919 geschieden durch die Auflösung der deutschen Fürstentümer als Folge des 1. Weltkrieges.

Dort, wo die Kirche über Jahrhunderte gemeinsam mit den Herrschenden regierte, ja manchmal sogar mit ihnen identisch war, geriet das Christentum in den Ruf, eine Ausbeuterreligion zu sein, ein Mittel, um gehorsame Untertanen zu erziehen. »Ein Pfarrer ersetzt fünf Polizisten« soll Friedrich der Große gesagt haben. Die Freiheitsbewegungen in Europa hatten darum fast immer einen antikirchlichen, antiklerikalen und antireligiösen Nebeneffekt. In anderen Teilen der Welt, in denen es keine christliche Staatsreligion gab, war die Kirche oft Motor des Kampfes gegen Unterdrückung und staatliche Willkür. Die Kungelei der Kirche mit den Herrschenden hat wie kaum eine andere Fehlentwicklung den Ruf der Kirche nachhaltig beschädigt. Das Christentum hat ein gewaltiges Imageproblem bekommen.

Kritiker des Christentums haben diese Rolle der Kirche einseitig zur Hauptrolle im geschichtlichen Drama der christlichen Kirche gemacht. Dabei wird ignoriert, dass es innerhalb der Kirche agile Gegenbewegungen gab, welche dem Missbrauch des Glaubens durch die weltlichen und kirchlichen Machthaber widerstanden, teilweise mit beachtlichem Erfolg. Sehr oft waren es die Oasen des Glaubens, die Klöster, aus denen heraus unzählige Menschen inspiriert wurden, unter ihnen auch nicht wenige politische Machthaber, nach den Maßgaben von Frieden und Gerechtigkeit in der Politik zu agieren. Durch die einseitige Fixierung auf die Verfehlungen der Kirche gewann in der jüngeren Zeit die Überzeugung viele Anhänger, dass eine Gesellschaft ohne Religion die bessere und gerechtere sei. Die zwei großen ideologischen Gesellschaftsmodelle des 20. Jahrhundert, Nationalsozialismus und Kommunismus, stehen für die Errichtung brutaler atheistischer Diktaturen. Dabei war Hitler besonders perfide, in dem er das ihm verhasste Christentum, vor allem in seiner katholischen Variante, nicht einfach bekämpfte. Nein, er gewann in den Kirchen, besonders im Protestantismus, viele Anhänger seiner gottlosen Rassenideologie, paralysierte in der Folge die Kirchen, und konnte nun ohne wesentlichen Widerstand die Vernichtung der europäischen Juden betreiben und einen erbarmungslosen Eroberungskrieg führen. Die kommunistischen Diktaturen waren dagegen unverhohlen atheistisch. Ihr Ziel, eine neue religionslose Gesellschaft zu errichten, suchten sie mit menschenmörderischer Grausamkeit umzusetzen. Die Namen ihrer Führer Stalin, Mao, Pol Pot stehen (neben Hitler) für die grausamsten Massen- und Völkermorde in der Geschichte der Menschheit mit weit über 100 Millionen Toten.[7]

3. DIE IMMUNISIERUNG EINES KONTINENTS

Herdenimmunität

Europa bildet eine Ausnahme. Während überall in der Welt der christliche Glaube an Dynamik gewinnt und unzählige Menschen Christen werden, wirkt das Christentum auf unserem Kontinent eigenartig müde und kraftlos. Wie ist dieser Sonderfall zu erklären? Warum ist Europa so etwas wie die säkulare Insel im religiösen Meer? Es besteht ein Zusammenhang zwischen der europäischen Glaubensmüdigkeit und dem jahrhundertalten volkskirchlichen Erbe, in dem Bürgergesellschaft und Christengesellschaft identisch waren und Religion nicht frei gewählt werden konnte und durfte. *Meine These* ist, dass Europa einen latenten Prozess der Immunisierung gegen den christlichen Glauben durchlaufen hat. Viele Menschen haben so etwas wie eine Herdenimmunität gegen das Christentum entwickelt. Wenn sie mit dem »Virus« des Glaubens in Kontakt kommen, dann sind sie immun dagegen. Diese Immunität haben sie erworben durch verschiedene Faktoren:

Erstens: Durch die Verbindung von staatlicher Macht und Kirche waren die Verbrechen der weltlichen Machthaber immer auch die Verbrechen der Kirche.

Zweitens: Der schleichende Kontakt mit einem harmlosen, angepassten, Minimalchristentum macht immun gegen den christlichen Glauben.

Drittens: Der geerbte Religionsmonopolismus *eines* religiösen Anbieters kann nicht genügend Zugänge zum Glauben anbieten, was aber in einer offenen, diversen Gesellschaft erforderlich ist.

Viertens: Eine nicht zu unterschätzende Triebkraft für die Immunisierung sind reduktive Theologien. Sie haben die Volksfrömmigkeit beschädigt und die geistliche Dynamik und Glaubwürdigkeit der Kirche paralysiert.

Fünftens: Die Moralisierung des Glaubens, die den Protestantismus seit 200 Jahren umformatiert, hat wesentlich zur Immunisierung gegen den Glauben beigetragen, weil die Menschen sich sagen: Glauben brauche ich nicht, denn ich kann auch ohne ein guter Mensch sein.

Dankbar für die Segnungen des Konstantinischen Erbes

Es ist nutzlos darüber zu spekulieren, wie die Geschichte Europas wohl verlaufen wäre, wenn das Christentum nach dem Toleranzedikt von Mailand 313 eine gleichberechtigte Religion im friedlichen Wettbewerb mit anderen religiösen Anbietern geblieben wäre. Der säkulare Staat ist eine Erfindung der Neuzeit und die späte Frucht eines Lernprozesses aus den verheerenden Religionskriegen des 17. Jahrhunderts. Dabei liegt die Idee des säkularen Staates in Jesus selbst begründet, der sagt: »Mein Reich ist nicht von dieser Welt«. Damit erteilt er eigentlich allen theokratischen Träumen eine Absage. Insofern ist ein religiös neutraler Staat nicht weniger christlich. Das Christliche eines Landes bestimmt nicht seine Regierungsform, theokratisch oder säkular, sondern der Glaube und das Leben seiner Bürger, wie sie das Land prägen und gestalten. Das europäische Christentum hat nun mal als das Konstantinische Betriebsmodell von Kirche diesen Kontinent geformt und christianisiert und dabei eine breite Spur von Segnungen und von Missetaten gezogen. Der kritische Blick der säkularen Moderne und der einseitige Blick der hyper-säkularen Postmoderne hat indes die dunklen Seiten des in Europa Sozialgestalt gewordenen Christentums fokusiert und dabei die vielen Segnungen ausgeblendet. Großartige Werke der Barmherzigkeit, der Wissenschaft und der Kultur säumen den Weg des Christentums durch die Geschichte, aber auch Verbrechen, begangen im Namen der Kirche. Wenn ich irgendwo in der Welt unterwegs bin, ob in Kenia, Indien oder Kuba, überall spricht man von Europa in den höchsten Tönen, von seinem Wohlstand, seiner Wissenschaft, seinem technologischen Knowhow, seinen sozialen Institutionen, seinen Menschenrechten, seiner Kultur, seinen Demokratien, seiner Musik, seinen schönen Städten, seinem Gesundheitswesen. Und überall bringt man diese Errungenschaften mit dem Christentum in Verbindung, das Europa formte und die Fundamente legte für großartige Entwicklungen. Hier wurden die ersten Universitäten gegründet, bahnbrechende Entdeckungen und Erfindungen gemacht, herrliche Kunstwerke in Architektur, bildender Kunst und Musik geschaffen. Es waren die Renaissance-Päpste, moralisch suspekte Gestalten, aber große Kunstliebhaber, die Rom zur schönsten Stadt der Welt machten. Gäbe es dieses großartige Europa ohne die Inspiration des Christentums mit seinen Werten, seiner Disziplin, seiner Neugier, Gottes Schöpfung zu ergründen? Der neidvolle Blick von außen auf unseren Kontinent sollte uns Dankbarkeit lehren, dass das jüdisch-christliche Erbe unsere Kultur entscheidend prägte. Wäre die christliche Formatierung des Abendlandes auch so ertragreich und umfassend verlaufen, wenn das Christentum eine andere Gestalt als die konstantinische angenommen hätte? Die Frage darf vorsichtig verneint werden.[8]

Bei allen Segnungen, die wir dem über eintausendfünfhundert Jahren vorherrschenden Volkskirchenmodell zu verdanken haben, müssen wir heute erkennen, dass eine von diesem Erbe geprägte Kirche ihr Profil und ihre Wirksamkeit in einer modernen, liberalen und religiös diversen Gesellschaft völlig neu formatieren muss, um sich nicht weiter in eine Abwärtspirale zu manövrieren.

Latente religiöse Immunisierung

Freunde haben mir folgende Begebenheit erzählt. Sie waren irgendwo in Chile mit einem Überlandbus unterwegs. Im gut gefüllten Bus saßen Frauen, Kinder, alte und junge Leute und vor allem Landarbeiter. Plötzlich stand ein Bauer auf, ließ sich das Busmikrofon geben und berichtete davon, wie er zu Jesus Christus fand und wie der Glaube sein Leben veränderte. Im Bus wurde es still. Die Passagiere hörten andächtig zu. Ich stelle mir vor, wie das Ganze bei uns abgelaufen wäre. Die Leute hätten sich nach kurzer Zeit gegen die religiöse Propaganda gewehrt: »Ach hören Sie doch auf mit ihrem Kirchengerede! Christentum, nee, zu viel Gewalt und Verbrechen! Inquisition, Kreuzzüge, Hexenverbrennungen, Kindsmissbrauch. Und überhaupt, das mit dem Christentum ist doch alles Quatsch. Das hat sich die Kirche so ausgedacht. Gibt's Gott überhaupt? Keiner weiß das ... usw.«

Was ist geschehen, dass die Menschen bei uns weithin allergisch auf den christlichen Glauben reagieren? Das gesellschaftliche Klima ist geprägt von einer grundsätzlichen Voreingenommenheit gegenüber dem Christentum. Viele sind eher bereit, etwas über Yoga, Buddhismus, Engel, esoterische Heilpraktiken zu hören. In Afrika und Lateinamerika kommt man dagegen leicht und schnell mit den Menschen über Jesus ins Gespräch. Sie sind offen und interessiert und erzählen bereitwillig von ihren eigenen geistlichen Erfahrungen. Vor einem Jahr habe ich in einem Gefängnis in Nairobi gepredigt. Ich rechnete damit, dass mir die Männer, die dort einsitzen, eher feindselig begegnen. Schließlich bin ich ein reicher, privilegierter Weißer. Dazu noch fromm. Das Gegenteil war der Fall. Sie hörten engagiert zu. Und als ich mit ihnen zwei bekannte englische Lobpreislieder sang, da gingen sie richtig mit. Ich staunte über die Offenheit dieser Menschen, die zumeist ein schweres Leben hinter sich haben. Auch bei Muslimen habe ich ein großes Interesse an geistlichen Dingen erlebt. Ich war eingeladen, um muslimischen Schülern im Religionsunterricht etwas über den christlichen Glauben zu erzählen. Die Berliner Schüler hörten mit großem Interesse zu und stellten Fragen, die ich noch nie von einem deutschstämmigen Schüler gehört habe. Die kommen immer nur bis zu der Frage, ob es Gott überhaupt gibt und warum im Namen der Kirche so viele Verbrechen geschahen. Die jungen Moslems wollten wissen, warum auch Christen in den Himmel kommen, warum Jesus für uns so wichtig ist, wie wir beten und was aus unserer Sicht der Unterschied zum Islam ist.

Immunisierung durch Fehlentwicklungen in der Geschichte der Kirche

Viele Gespräche über den Glauben bleiben gleich zu Beginn bei den Verbrechen der Kirche stecken. Das Christentum kann ja nichts Gutes sein in Anbetracht der Fülle an Sünden, Gewalt und Blutvergießen. Und dann fallen die drei Begriffe, die für die Fehlentwicklungen stehen: Inquisition, Kreuzzüge, Hexenverbrennungen. Es ist schwer, gegen die Mixtur aus Halbbildung und Geschichtswissen, begründeten Urteilen und ideologisch inspirierten Vorurteilen anzukommen. Die Verfehlungen der Kirche sind eine gut ausgestattete Rüstkammer, aus der sich die Kritiker des Christentums reichlich bedienen für ihre antireligiöse, antiklerikale und antikirchliche Propaganda. Viel Unheil ist im Namen der christlichen Religion geschehen als Folge der Verquickung von Christentum und Macht, von Kirche und Staat. Das hat sich tief in das kollektive Bewusstsein eingebrannt und dazu beigetragen, dass viele Menschen unseres Kontinents gegen das Christentum immunisiert sind.

Dass die Kirche Hexen verbrannt habe, ist eine weit verbreitete Meinung. Neue Forschungen zeigen, dass die Hexenverfolgung ein weltweites heidnisches Phänomen in vormodernen Gesellschaften ist. Wie der Historiker

Wolfgang Behringer in seinem Buch »Hexen: Glaube, Verfolgung, Vermarktung« belegt, ist der Vorwurf, die Kirche habe die Hexen-Verbrennung betrieben, sogar millionenfach, einfach falsch. Der Experte auf diesem Gebiet sagt, dass eher das Gegenteil der Fall war: Ohne die Kirche hätte es weit mehr Opfer gegeben. Denn in aller vormodernen Welt waren und sind Hexen-Verfolgungen »normal« (wie heute z. B. in Afrika). Die Wahrheit ist, dass die Kirche, namentlich die Päpste, aber auch die Kirchengerichte und sogar die Inquisition die Hexen-Tötung ablehnten. Dass die Verfolgung dieser Frauen keine christliche Eigenheit war, erkennt man auch daran, dass Hexen-Tötungen fast nur im deutschsprachigen Raum auftraten und auf alte heidnische also vorchristliche religiöse Vorstellungen und Ängste zurückgehen. Es waren weltliche Gerichte, welche im Spätmittelalter und in der frühen Neuzeit die Todesurteile verhängten. Aber auch das war eher die Ausnahme. Meistens mussten die Beschuldigten (viele davon waren Männer) eine Strafe wegen Schadenszauber zahlen. In Sachsen z. B. hat es kein einziges Todesurteil gegeben. Dass die Hexenverfolgungen schließlich ein Ende fanden, ist vor allem dem Einsatz der Kirche gegen diesen Wahnsinn zu verdanken, allen voran dem Jesuitenpater *Friedrich von Spee*.[9]

Der Umgang mit der Vergangenheit der Kirche ist eine Gratwanderung zwischen zwei Extremen: rosarotem Beschönigen und permanenter Selbstdiffamierung. Die Kirche hat in ihrer Vergangenheit viel Segen gewirkt, und es sind in ihrem Namen abscheuliche Verbrechen begangen worden. Allerdings gibt es religionskritische Geister, welche die Geschichte der Kirche auf Fehlentwicklungen reduzieren. Christliche Geschichte wird einseitig als Verbrechensgeschichte wahrgenommen. Aber das kann man sagen: Die Kirche arbeitet, wie kaum eine andere Institution, ihre Vergangenheit auf. Es gibt unzählige offizielle Schuldbekenntnisse, besonders der Katholischen Kirche, in der sie sich zu ihrem Versagen und zu ihren Sünden der Vergangenheit bekennt, besonders zu Diskriminierung und Verfolgung unserer jüdischen Geschwister. Die Kirche hat sich sowohl inhaltlich als auch praktisch radikal neu ausgerichtet. Das gilt sowohl für die Katholische Kirche als auch für die alten protestantischen Kirchen. Ich kenne keine andere Bewegung oder Organisation, die so konsequent aus den Fehlern der Vergangenheit lernte. Dies war aber nur möglich, weil man sich selbst im Lichte des Evangeliums radikal hinterfragte und weil man einen regen Dialog mit den Kritikern pflegte. Es geht dabei auch um ein differenzierteres Bild des Christentums und es geht darum, aus den Fehlern der Vergangenheit zu lernen.

Immunisierung durch Minimalchristentum

Als das Christentum zur alternativlosen Staatsreligion wurde und die Heiden, welche die große Mehrheit der Bevölkerung bildeten, unter staatlichen Druck in die Kirche hinein getauft wurden, geriet das jesusförmige Bekenntnischristentum der alten Zeit in eine Minderheitensituation innerhalb der christlichen Gemeinde. Die mehr oder weniger zwangschristianisierten Heiden hatten die Mehrheit. Damit trat die Situation ein, die das Volks- und Staatskirchenmodell seitdem bestimmt: Ein oberflächliches Minimalchristentum wurde zum Normalchristentum, der halbherzige Durchschnitt zum Standard. Die bekehrten und um ein heiliges Leben bemühten Christen wurden zur Ausnahme. Dass eine an die laue Mehrheit angepasste Religiosität das Erscheinungsbild der Kirche charakterisiert, ist bis heute ein Merkmal des konstantinischen Erbes. Schon Luther klagte im Vorwort zur deutschen Messe, dass er die Personen nicht habe und auch kaum solche kenne, die »mit Ernst Christen sein wollen und das Evangelium mit Taten und Worten bekennen.« Joseph Ratzinger, der spätere Papst Benedikt XVI., hatte schon 1959 als junger Pfarrer einen klaren und illusionsfreien Blick für die reale Situation. Als die meisten Theologen noch in volkskirchlicher Verklärung und Beschönigung vor sich hinträumten, schrieb er: »Dieses dem Namen nach christliche Europa ist seit rund vierhundert Jahren zur Geburtsstätte eines neuen Heidentums geworden, das im Herzen der Kirche selbst unaufhaltsam wächst und sie von innen her auszulöschen droht. Das Erscheinungsbild der Kirche der Neuzeit ist wesentlich davon bestimmt, dass sie auf eine ganz neue Weise Kirche der Heiden geworden ist und noch immer mehr wird: nicht mehr wie einst Kirche aus den Heiden, die zu Christen geworden sind, sondern von Kirche von Heiden, die sich noch Christen nennen, aber in Wahrheit zu Heiden wurden.«[10]

Der Berliner Religionssoziologe *Klaus-Peter Jörns* ermittelte 1997 in einer Umfrage, wie es um den Glauben in Deutschland tatsächlich steht und veröffentliche diese in dem Buch »Die neuen Gesichter Gottes. Was die Menschen heute wirklich glauben«. Die Befragung, die exemplarisch in Berlin und in Landgemeinden von Rheinland-Pfalz durchgeführt wurde, zeigt, dass man von dem, was bei den Menschen an Religiosität vorhanden ist, kaum noch von *christlichem* Glauben sprechen kann. Die Bibel wird nicht mehr als heilige Schrift verstanden. Allmacht Gottes, Sünde, Erlösung, Sohn Gottes, jüngstes Gericht, damit kann kaum noch jemand etwas anfangen. Statt des Glaubens, wie ihn z. B. die altkirchlichen Bekenntnisse bezeugen, finden wir eine diffuse Religiosität an einen Kuschelgott, der für das persönliche Wohlergehen zuständig ist und die Freiheit nicht einschränken darf. Die Katholiken unter den Befragten sehen die Dinge zwar etwas rechtgläubiger, aber grundsätzlich folgen auch sie dem Trend in Richtung »Glaube light«. Dass Jörns Recherche offensichtlich keinen Bischof, keine Kirchenleitung, keinen Theologieprofessor verwunderte oder gar aufscheuchte (nur der *Focus* sprach vom Schock für die Kirchen), zeigt an, dass das diagnostizierte Minimalchristentum im grünen Bereich einer immer noch im Volkskirchenmodus tickenden Kirche liegt. Selbst bei den meisten Glaubensprofis, Pfarrer und Pfarrerinnen, werden vom christlichen Glauben nur die Passagen in den eigenen Glauben samt Verkündigung übernommen, die in das persönliche, zumeist reduktive Weltbild passen. Wichtige Teile der christlichen Lehre werden nicht mehr für wahr gehalten. Viele Theologen haben den Glauben an den Dreieinigen Gott (für den heute Christen in muslimischen Ländern ermordet werden) aus ihrem persönlichen Credo gestrichen. Jörns Resümee: »Die Kirchen haben – bis in die Reihen der eigenen Pfarrerschaft hinein – an Glauben normierender Kraft verloren.«[11] Es sind die befragten Minimalchristen, welche sich heute von der Kirche abwenden. Warum soll man auch für etwas Kirchensteuer zahlen, was einem weder etwas bringt noch etwas bedeutet. Es sei denn, man hat einen Job in der Kirche.

Die Kirche im staatskirchlichen Erbe hat *heute* ein Problem, das sie früher nicht hatte. Die Leute gehören nicht mehr automatisch dazu. Immer mehr Menschen treten aus, weil ihnen Kirche und Glauben nichts bedeuten. Die Frage, die sich im volkskirchlichen Setting stellt, lautet: Wie können wir die Menschen halten, egal was sie glauben? Wie können sich auch die mit einem individualisierten »Glauben light« bei uns heimisch fühlen? Die Antwort liegt auf der Hand. Man senkt die Preise. Man formatiert den Glauben neu. Man passt ihn an das an, was die Leute bejahen können. Genau diese Konsequenz zieht Klaus-Peter Jörns in seinem 2004 erschienen Buch »Notwendige Abschiede: Auf dem Weg zu einem glaubwürdigen Christentum«. Darin entwirft er ein Christentum der Zukunft und entsorgt alles, was für den volkskirchlichen Skeptiker fragwürdig ist: Offenbarung, Sünde, Sündenfall, Sühnetod Jesu, Heiligkeit der Bibel, Einzigartigkeit Jesu, Erlösungsglaube, Erwählung zum Volk Gottes. Um die Glaubwürdigkeit des Christentums zu erhalten, will Jörns die Distanz überwinden zwischen dem, was die Leute wirklich glauben und dem, was die traditionellen Inhalte sind. Das Problem ist nur: Der kühne Entwurf von Jörns ist gar kein Christentum mehr. Es ist die letzte Phase einer sterbenden Religion.

Minimalchristentum als Normalchristentum immunisiert in einem latenten Prozess die Menschen gegen den Glauben. Die Volkskirche sieht sich unter Druck, den Glauben für alle akzeptabel zu machen und anzugleichen an einen allgemein gebilligten Standard. Dieser *religiöse Populismus* findet in der EKD seine Umsetzung darin, dass man alles das über Bord werfen möchte, was in einer säkularen Gesellschaft auf Ablehnung stoßen könnte. Was den Kuschelkurs mit der Gesellschaft stört, wird wegreformiert oder uminterpretiert, damit möglichst niemand mehr Anstoß nimmt. Die Frage ist nur: Wird die Kirche dadurch ihrem Auftrag besser gerecht, Jüngergemeinde Jesu zu bauen und die Mission Gottes in dieser Welt voran zu bringen? Das Resultat der Anpassung ist ein weichgespültes Evangelium und eine profillose Kirche. Die Logik dahinter: Je geringer die Unterschiede zur Gesellschaft, um so eher werden uns die Leute die Treue halten. Dennoch verstärkt sich der Trend zum Kirchenaustritt. Die Logik geht nicht auf. Der Nivellierungskurs führt zu einer Banalisierung des Glaubens. Kaum einer weiß noch, wofür die evangelische Kirche eigentlich steht - außer natürlich für das, wofür auch der gesellschaftliche Mainstream steht. Aber dafür braucht es keine Kirche. Wer in der Kirche auf Anpassung setzt, schafft sie ab. Die Kirche verliert ihr Alleinstellungsmerkmal als Sozialgestalt gewordene Einladung zum Heil in Christus, ihre Berufung als Gegenmodell zur Welt, ihr Profil als Familie Gottes, ihre Bestimmung, Licht und Salz der Welt zu sein. Eine an die Allgemeinheit angepasste Kirche produziert Langeweile und Gleichgültigkeit. Und sie trägt bei zur Immunisierung gegenüber dem Evangelium, erworben durch den schleichenden Kontakt mit einem harmlosen, verdünnten Christentum. In der Biologie heißt das »stille Feiung«. Eine Person ist immun geworden, indem sie über längere Zeit durch Kontakt mit einem schwachen Erreger, der nicht zur Erkrankung, wohl aber zur Bildung von Antikörpern führt. Wer sich nur in christlichen Kreisen bewegt, unterschätzt die Immunisierung.

Als 1989 die atheistische DDR-Diktatur zusammenbrach, waren von den ehemals ca. 16,3 Millionen Kirchenmitgliedern (1949, 92%) noch 6,4 Millionen (40%) übrig. Die atheistische Propaganda traf auf ein nur sehr oberflächlich christianisiertes Kirchenvolk. Das eigentliche Problem war nicht die Stärke der atheistischen Ideologie, sondern die Schwäche der Kirchen. 1955 wurde die Jugendweihe in der DDR eingeführt als Gegenveranstaltung zur evangelischen Konfirmation und katholischer Kommunion. Die SED (Sozialistische Einheitspartei Deutschlands), die eine »Diktatur des Proletariats« errichtet hatte, wollte auf diese Weise die ideologische Einflussnahme auf die Jugend erhöhen und die Kirchen zurückdrängen. Wer sich der Jugendweihe verweigerte, wurde von einem höheren Bildungsweg ausgeschlossen und musste überhaupt viele Repressalien und Diskriminierungen erfahren. Als Reaktion konfirmierten die evangelischen Kirchen diejenigen nicht mehr, die zur Jugendweihe übergelaufen waren. Diesen Kurs hielten sie nicht lange durch, da die Zahl der Konfirmationen erheblich sank. Die Kirchenleiter hatten einfach die Bindungsfähigkeit ihrer Institution überschätzt. Frustriert mussten sie sich zu einem Kompromiss durchringen, diejenigen, die an der Jugendweihe teilgenommen hatten, nach einer »Schamfrist« von einem Jahr nachträglich zu konfirmieren. 1955 nahmen knapp 18 Prozent aller Jugendlichen an der Jugendweihe teil. Seit 1975 liegt der Anteil konstant bei nahezu 98 Prozent. Das volkskirchliche Erbe eines Minimalchristentums formt eine Kirche, deren Mitglieder zum großen Teil nicht loyal sind. Als dann 1989 in der Zeit der friedlichen Revolution die Kirchen brechend voll waren und die Machthaber des Regimes hinweggefegt wurden, war die Zeit gekommen für eine illusorische Hoffnung: Nun kann nach der Wiedervereinigung in der ehemaligen DDR das volkskirchliche System wieder installiert werden. Stattdessen leerten sich die Kirchen wieder und eine Austrittswelle führte zu der Ernüchterung, eine Minderheitenkirche bleiben zu müssen. Die Anhänger des Volkskirchenmodells überschätzten zweimal den geistlichen Zustand ihrer Kirchen: Einmal im Jugendweihekonflikt und dann im sich fortsetzenden kirchlichen Niedergang nach der Wiedervereinigung.

Nach meiner Einschätzung rollt gerade eine Säkularisierungswelle auf uns zu, die besonders in der westdeutschen Kirchenlandschaft einiges platt machen wird. Nur wer wirklich in Christus verankert ist, wird sich dem widersetzten können. Es müssen wohl Arbeitsbereiche aufgegeben werden. Das führt zu Frustration und Resignation. Es gibt jetzt schon Versuche, diesen Prozess als »Gesundschrumpfen« schön zu reden. Das war schon zu DDR-Zeiten ein frommer Mythos. Die gottgegebene Lösung lautet, dass die Kirchen zu neuer Lebendigkeit finden, weil sie umkehren zu den Kraftquellen des Glaubens: zur heiligen Schrift als Gottes Offenbarungsdokument und zum Auferstandenen, »dem alle Macht gegeben ist im Himmel und auf Erden«.

Viele Menschen in unserer Kultur wollen mit dem Glauben nichts zu tun haben. Was sind die Gründe für die Ablehnung? Meine Lieblingsfrage in dieser Situation lautet: »Was glauben Sie, was ich glaube?« Was ich dann zu hören bekomme, ist sehr oft eine schräge Mischung aus Vorurteilen und religiösem Unfug. Ich sage dann meistens: »Das Zeug, was Sie glauben, was ich glaube, das glaube ich auch nicht.« Meine große Entdeckung: Die

Menschen lehnen *nicht* Jesus ab. Sie haben nichts gegen Gott. Eigentlich verneinen sie den christlichen Glauben nicht. Was sie ablehnen ist eine Karikatur des Glaubens, eine verwässerte Variante, eine billige Imitation. Sie denken, sie wissen genug vom Glauben. Aber was sie wahrgenommen haben und für das Christentum halten, ist eine Fehlform, ein Surrogat. Wo haben sie das her? Sie haben es kennen gelernt. Eine im Minimalismus des Glaubens behaftete Kirche verleiblicht es. Die Welt aber braucht lebendige Gemeinschaften des Glaubens, damit sie glauben kann. Unsere theologischen Theorien und unsere Papiere über Weltverantwortung, Klimarettung, Gleichberechtigung und viele andere wichtigen Themen werden sie nicht zum Glauben an Christus bringen. Es ist der ausstrahlend gelebte und bezeugte Glaube von konkreten Menschen. Fazit: Eine in einem Minimalglauben behaftete Kirche wird nicht die nötige Dynamik für einen Aufbruch generieren können. Dennoch: Aufbruch ist möglich.

Religiöser Monopolismus und Immunisierung

Als staatskirchliches Erbe hat die Kirche in Europa immer noch eine Monopolstellung. Diese hat *zwei Effekte*, die mit dafür verantwortlich sind, dass weite Teile der europäischen Bevölkerung gegen das Christentum immun geworden sind:

Erstens: Ein einzelner religiöser Monopolist kann nicht die nötige Vielfalt von Zugängen anbieten, die in einer offenen, ausdifferenzierten Gesellschaft nötig sind, um die Menschen mit dem Evangelium zu erreichen.

Zweitens: Zum konstantinischen Erbe gehört, dass die europäischen Großkirchen es nicht nötig hatten, neue Mitglieder zu bekommen, da ja bereits alle Menschen zu ihr gehören. Das hat die Kirche gelähmt in ihrem Engagement, ihrem Glauben, ihrer Vollmacht, ihrer Kreativität und ihrem Eifer. Kurz: Sie hat Mission verlernt. Mission aber ist der eigentliche Auftrag und die Identität der Kirche.

Die Monopolstellung der beiden Großkirchen in Deutschland ist abgesichert durch zahlreiche Privilegien, die ihnen ihre dominierende Rolle sichern: Kirchensteuer, volkskirchliche Taufe, Landbesitz und üppige finanzielle Zuwendungen durch die Staatsverträge. Die beiden Religionsmonopolisten bieten ein Minimalchristentum für alle an. Die Serviceeinheiten sind die Kirchengemeinden. Sie offerieren die religiöse Grundversorgung für die Menschen in einem abgegrenzten Gebiet (Parochie, Pfarrei). Der Mittelpunkt ist dabei, zumindest in der Theorie, der Sonntagsgottesdienst, der überall nach einer bestimmten, ziemlich festgelegten Ordnung stattfindet: Liturgie, die nur Menschen mitvollziehen können, die schon lange in der Kirche sozialisiert sind, klassische Musik, meistens Orgel, und eine in der Regel akademische Predigt. Das alles zur fast gleichen Zeit, meistens Sonntag 10 Uhr, an allen Orten. Man versteht dieses Programm als ein Angebot für alle. Die Glocken läuten, die Türen sind weit geöffnet. Das Problem: es kommt kaum jemand. Bei der Katholischen Schwesterkirche ist die Situation wegen der Sonntagspflicht besser. Aber auch dort lässt der Besuch der Heiligen Messe nach. Im evangelischen Bereich ist der Gottesdienst zur reinen Insiderveranstaltung für eine Handvoll von Leuten über Sechzig verkommen. Zumindest ist das meine Berliner Erfahrung. Die Kirchengemeinde in Nachbarschaft meines Hauptwohnsitzes hat 9000 Gemeindeglieder, drei Kirchen mit drei Gottesdiensten sonntagvormittags, in denen jeweils um die 25 Leute sitzen, alle mindestens siebzig Jahre alt. Das ist weniger als ein Prozent von denen, die da zur evangelischen Kirche gehören.

In der damals noch relativ homogenen Gesellschaft des 19. Jahrhunderts funktionierte das Angebot »kirchliche Versorgung für alle« noch einigermaßen. Es gelang weithin, die Menschen in die Kirche hinein zu sozialisieren. Man kannte die Lieder, sang die Liturgie mit, war einigermaßen vertraut mit den biblischen Texten, über die gepredigt wurde. Die Situation hat sich total gewandelt. Wir leben heute in einer ausdifferenzierten, diversen, bunten, postchristlichen Gesellschaft. Menschen gehören zu ganz unterschiedlichen gesellschaftlichen Milieus. Ihre Kultur, Sprache, Sehnsüchte, Werte, Traditionen, Lebensumstände sind unglaublich vielfältig. Es liegt auf der Hand, dass sie ganz unterschiedliche Zugänge zum Glauben brauchen. Und das überfordert das System eines religiösen Monopolismus. Ein einzelner religiöser Player erreicht nur ein sehr eingeengtes Spektrum an Menschen. Die Liberalisierung der Wirtschaft, der Politik und des gesellschaftlichen Lebens bedeutet auch eine Liberalisierung der Religion. Europa befindet sich auf dem Weg zu einem offenen, deregulierten Religionssystem. Es entsteht ein »religiöser Markt«. Die beiden Großkirchen verlieren Schritt für Schritt ihre Monopolstellung. Besonders in den urbanen Zentren werden sie immer mehr zu einem Anbieter unter vielen. Immer weniger Menschen gehen in eine Kirche, weil das ihre Familientradition ist oder weil sie im Gebiet einer Kirchgemeinde wohnen. Sie müssen für den Glauben gewonnen werden. Dafür benötigen sie heute eine große Vielfalt von Zugängen zum Glauben, weil die Menschen in der fragmentierten Gesellschaft von heute in ganz unterschiedlichen Milieus, Szenen und sozialen Netzwerken leben. Die biologische Reproduktion aus dem Reservoir der Mitgliederkartei funktioniert kaum noch und in Zukunft noch weniger. Für die beiden Ex-Monopolisten entsteht eine völlig neue Situation, die sie zur Neuformatierung ihrer Arbeit nötigt. Es wird spannend, wie diese alten ehrwürdigen Institutionen diese Aufgabe meistern werden.

Amerikanische Religionswissenschaftler, allen voran der Lutheraner *Rodney Stark*, waren die ersten, die in den 1970er Jahren das Bestehen und die Bedeutung eines religiösen Marktes erkannten. Sie untersuchten, unter welchen sozialen und theologischen Bedingungen Menschen in einer liberalen und individualisierten Gesellschaft zum Glauben kommen, nach welchen Gesichtspunkten sie ihre Entscheidung fällen und aus welchen Gründen sie sich für die eine oder andere Kirche entscheiden. Interessant ist dabei auch die Frage, welche Faktoren eine Rolle spielen, wenn Menschen die Kirche oder religiöse Überzeugungen wechseln? Sie fanden heraus, dass es eine Reihe von Parallelen gibt zwischen dem Funktionieren eines wirtschaftlichen Marktes und der Welt des Glaubens. Ihre Forschungsergebnisse sind unter dem Label *Religiöse Markttheorie* (Religious Economy) zusammengefasst. Wir können einiges daraus lernen, wie auch bei uns in Gegenwart und Zukunft Kirche funktioniert oder eben nicht funktioniert.

Die Religionssoziologie diagnostiziert für Europa, wie eingangs bereits erwähnt, zwei Megatrends: der Niedergang institutioneller Religiosität bzw. geerbter Religion und der Aufschwung individueller Religiosität bzw. gewählter Religion. Diese Trends bestätigen die religiöse Markttheorie. Die geht davon aus, dass in einer liberalen Gesellschaft mit einem freien religiösen Markt die Leute ihre religiösen Entscheidungen nach persönlichen Gesichtspunkten treffen: »Mich spricht die Musik an. Meine Kinder gehen hier gern hin. Hier mache ich spirituelle Erfahrungen. Ich treffe Leute, die zu mir passen oder ich zu ihnen. Hier verstehe ich die Predigt. Ein Ort, an dem ich anderen helfen kann. Die Bibel wird verständlich ausgelegt. Hier ist es einfach nur cool. Meine Familie fühlt sich hier wohl. Glaube ist hier nicht peinlich, und ich kann meine Freunde mitbringen. Hier habe ich zu Gott gefunden. Hier wird etwas für Notleidende getan. Hier ist eine gute Seniorenarbeit.« Man kann diese Gründe egoistisch, ja sogar hedonistisch finden. Aber sie entsprechen der Wirklichkeit, weil der Mensch so ist und weil die Zeiten so sind. Auch Religion funktioniert nach dem Zusammenspiel von Angebot und Nachfrage. Wer überzeugend, vollmächtig, authentisch, begeisternd und nahe an den Menschen agiert, der wird als religiöser Player erfolgreich sein und viele Menschen erreichen.

Das Gesetz des Marktes »Konkurrenz belebt das Geschäft« bestätigt sich in einer offenen Gesellschaft auch auf religiösem Gebiet. Die Marktforschung fand heraus, dass sich die Nachfrage vergrößert, wenn sich die Angebotspalette erweitert. Ein Beispiel: In einer Kleinstadt gibt es einen Fahrradladen, der die gesamte Region mit Fahrrädern versorgt. Eines Tages eröffnet ein zweiter Anbieter für Fahrräder sein Geschäft. Was geschieht nach dem Gesetz des Marktes?

Es ist nicht so, dass sich der Verkauf von Rädern beim älteren Anbieter halbiert, weil jetzt die Hälfte der Menschen beim neuen Anbieter kauft. Nein, sondern der Umsatz an Fahrrädern in der Region wächst, so dass die Verkaufszahlen bei beiden Anbieter genügend Gewinn abwerfen. Ein breiteres, ausdifferenzierteres Angebot vergrößert die Nachfrage. Natürlich lässt sich das nicht beliebig steigern. Irgendwann ist der Markt erschöpft.

Was bedeutet das für den Bereich Religion? Ein freier religiöser Markt in Deutschland entwickelt sich gerade und birgt unglaubliche Chancen für Wachstum und Gründung christlicher Gemeinden. Eine Vielzahl von religiösen Angeboten führt zu einer erhöhten Nachfrage. Je mehr Anbieter agieren, umso mehr unterschiedliche Zugänge zum Glauben können in der Gesellschaft offeriert werden und umso mehr Menschen entdecken den Glauben als Lebensmöglichkeit für sich. Der religiöse Grundwasserspiegel in einem Land wird gehoben, je pluraler die religiösen Angebote sind. Die Religiosität einer Gesellschaft wird gefördert und Säkularisierung wird gebremst oder sogar verhindert. Ein Blick in den weltweiten Aufbruch des Christentums macht deutlich, dass meistens dort, wo verschiedene unterschiedliche christliche Kirchen missionarisch arbeiten, der Anteil von Christen in der Gesellschaft stark gestiegen ist. Umgekehrt bedeutet das: Der religiöse Monopolismus fördert Säkularisierung, weil zu wenige Zugänge zum Glauben angeboten werden. Die Menschen in einer pluralen Gesellschaft brauchen pluriforme Gemeinden mit unterschiedlichen Angeboten für unterschiedliche Menschen. Ein religiöser Monopolist kann das nicht leisten, da er nur eine begrenzte »Produktlinie« im Angebot hat. Die Entstehung eines religiösen Marktes ist neu für ein Land und für einen Kontinent, der seit weit über 1000 Jahren ein reguliertes Religionssystem hatte, in dem christliche Alternativen zum herrschenden Monopolisten anfangs verfolgt und später geduldet wurden. Heute etabliert sich langsam vor allem in den Großstädten ein freier spiritueller Markt, auf dem unterschiedliche Generatoren von Religion miteinander wetteifern.

Ein typischer religiöser Monopolist in Lateinamerika war lange Zeit die Katholische Kirche. In den letzten 50 Jahren hat sich im Zuge der Liberalisierung der Gesellschaft die Situation drastisch geändert. Neue christliche Player betraten die Bühne. Junge protestantische Kirchen, zumeist pfingstlich-evangelikaler Prägung, begannen die Länder zu missionieren und Gemeinden zu gründen. Mit unglaublichem Erfolg. Allein im ursprünglich katholischen Brasilien gehören heute rund 30 Prozent der Bürger zu einer der zahlreichen Pfingstkirchen. In Guatemala und Honduras sind es sogar 40 Prozent. Jahrzehntelang starrte der alte religiöse Monopolist mit einer Mischung aus Bestürzung, Verwunderung und Resignation auf das atemberaubende Wachstum der protestantischen »Sekten«. Doch dann sprang der Funke über. Die Katholische Kirche entdeckte, dass Bekehrung und Geisterfüllung *urkatholisch* sind. Es entstand innerhalb dieser Kirche eine kraftvolle Erneuerungsbewegung des Glaubens. In keinem anderen Teil der Welt ist die katholisch charismatische Erneuerung (Catholic Charismatic Renewal, CCR) so vital wie in Lateinamerika. Dreißig Millionen Katholiken haben durch sie eine Erneuerung ihres katholischen Glaubens erfahren. Die meisten Priesterberufungen sind eine Frucht dieser wachsenden Bewegung. Während die katholische Befreiungsbewegung Lateinamerikas wegen ihres verengt sozialen und spirituell defizitären Ansatzes ein Randphänomen blieb, gewann ein enthusiastisches katholisches Christentum, in dessen Zentrum die christliche Heilserfahrung steht, viele Menschen.

In Wittenberg befindet sich die Mutterkirche der Reformation. Hier predigte Martin Luther. Hier wurden die ersten evangelischen Choräle gesungen. Hier feierte die Gemeinde das erste evangelische Abendmahl in beiderlei Gestalt. Über 3000 Menschen gehören zur evangelischen Stadtkirchengemeinde. Seit 25 Jahren gibt es in Wittenberg einen neuen religiösen Player: die Jesusgemeinde. Diese Pfingstkirche macht eine rührige Arbeit: viele Kinder und Jugendliche, volle Glaubenskurse (Alpha-Kurs), Bekehrungen, Taufen. Das Gemeindezentrum: ein modernes ehemaliges Bürogebäude. In verschiedenen Institutionen der Stadt trifft man Christen, die in dieser Gemeinde beheimatet sind, z. B. einige Lehrkräfte an den zwei evangelischen Schulen. Die Regeln des religiösen Marktes bestätigen sich: *Mehr Anbieter von Religion – mehr Gläubige in der Region.* Das Spektrum christlicher Arbeit in der Stadt ist insgesamt weiter geworden. Die Stadtkirchengemeinde mit großartiger Liturgie, klassischer Musik auf höchstem Niveau, theologisch gehaltvollen Predigten usw. spricht eher ältere Menschen an mit bildungsbürgerlichem Hintergrund. Die Pfingstgemeinde mit lautem Lobpreis, Band, plakativen Predigten, missionarischen Aktionen angeführt von jungen Leuten, erreicht eine ganz andere Zielgruppe. Für die Region bedeutet das eine stärkere christliche Präsenz – eine erfreuliche

Tatsache in einem Teil der Welt, in dem der Atheismus eine Art Volksreligion ist. Nur wer noch in dem Mindsetting eines Monopolisten des volkskirchlichen Zeitalters steckt, wird andere christliche Player als Bedrohung sehen.

Für die Ausbreitung des Evangeliums in einer modernen Gesellschaft ist es von immensem Vorteil, wenn ein buntes Angebot unterschiedlicher christlicher Kirchen, Gemeinden, missionarischer Projekte, diakonischer Initiativen existiert, die nebeneinander und miteinander den Ruf Christi »Lasst euch versöhnen mit Gott!« ereignen. Eine liberale, offene Gesellschaft ermöglicht einen offenen, liberalen, deregulierten Religionsmarkt. Daher ist langfristig der Niedergang der zwei religiösen Monopolisten eine Chance, dass eine Wettbewerbssituation entsteht und dass die ehemaligen Monopolisten durch die Erfordernisse eines freien Marktes ihr Profil schärfen und entschieden an missionarischer Kompetenz zulegen. Das ist heilsam für die Großkirchen und ein Segen für die Gesellschaft.

Immunisierung durch reduktive Theologie

Anders als in Kirchen, für die es eine Existenzfrage ist, neue Mitglieder zu bekommen, hat das Volkskirchenmodell Bedingungen ermöglicht, unter denen theologische Konzepte gedeihen konnten, die in der Praxis zur Zerstörung von Glauben und Gemeinde führen. Die Forschungsergebnisse der Religionssoziologie diesbezüglich sind eindeutig. Sie werden aber zum großen Teil von der deutschen Theologie ignoriert, weil die Zunft universitärer

Theologie heftig in Frage gestellt wird. Die kritische Auseinandersetzung mit Theologie unter der Fragestellung, welche Konsequenzen sich daraus für die Zukunftsfähigkeit der Kirche ergeben, darf kein Tabu sein. Die christlichen Kirchen hierzulande befinden sich in einem Prozess des Niedergangs, der einer offenen Analyse bedarf. Als Ursachen für die Krise macht man vor allem äußere Einflüsse geltend: Säkularisierung, Traditionsbruch, Individualisierungs- und Privatisierungstendenzen, demografischer Wandel usw. Säkularisierung nimmt man hin wie eine Naturkatastrophe. Damit ist man fein raus und muss nicht fragen, ob die Ursachen für den Niedergang nicht bei uns selbst zu suchen sind? In anderen Teilen der Welt, wo Modernisierungsprozesse die Gesellschaft verändern, wächst das Christentum signifikant.

In einer durch staatliche Transferleistungen abgesicherten Kirche, in der zumindest bis vor einhundert Jahren Kirchenaustritt ein Tabu war, konnten sich theologische Konzepte entwickeln, die sich destruktiv auf Glauben und Kirche auswirken und unter den Bedingen einer liberalen Gesellschaft zum kirchlichen Niedergang führen müssen. Klaus-Peter Jörns hat in seiner bereits erwähnten Umfrage einen Verfall des Glaubens diagnostiziert. In weiten Teilen der Theologenschaft werden fundamentale Glaubensinhalte, die konstitutiv für das Christsein sind, als veraltet, unwissenschaftlich, unglaubwürdig, fundamentalistisch, mythologisch, mittelalterlich apostrophiert: Trinität, Gottheit Jesu, Wunder, Sühnetod und leibliche Auferstehung Jesu, Jungfrauengeburt. Die daraus resultierenden Schäden für die Kirche, für die Volksfrömmigkeit, für das Selbstverständnis der Christen, für Mission, für einen nötigen Aufbruch sind offensichtlich und werden hier später diskutiert. Zunächst soll es darum gehen, den Zusammenhang von theologisch destruktiven Konzepten und subventionierter Volkskirche aufzuzeigen. Dieses System ist ein Nährboden für Theologien, die kaum noch etwas mit dem Auftrag der Kirche zu tun haben. Völlig abgehoben von der gemeindlichen Basis samt ihren Nöten und Bedürfnissen werden Theorien entwickelt, welche das christliche Zeugnis in einer zunehmend säkularen Welt beschädigen und langfristig zur Selbstauflösung der Kirche führen. Es gibt zwei Gründe, die diese Entwicklung fördern. *Erstens* ist die universitäre Theologie eine eigene Welt, die ihren speziellen Regeln folgt mit dem Hinweis auf die akademische Freiheit der Lehre. *Zweitens* kann sich ein Berufschrist in einem subventionierten System fast jede theologische Eigentümlichkeit leisten (soweit der ohnehin verunsicherte Kirchenvorstand ihm nicht auf die Finger klopft). Sein Gehalt ist abgesichert, auch wenn er die Kirche leer predigt, das fromme Mütterlein in ihrem Glauben verletzt und den Konfirmanden mit dem Gerede von Jesus als frommen Sozialarbeiter den Abschied von der Kirche erleichtert.

Fast alle Gemeinden in der Welt arbeiten in einem anderen Betriebsmodell von Kirche. Und die meisten sind damit erfolgreicher. Wenn dort ein Berufschrist eine Theologie vertritt, welche die Christen im Glauben nicht festigt und ihre missionarische Kompetenz nicht fördert, dann gefährdet er die Zukunft der Gemeinde. Wenn schließlich Gemeindeglieder ihre Spendendaueraufträge kündigen und die Gemeinde verlassen, hat das konkrete Auswirkungen für den Theologen. Sein Gemeindebudget schmilzt und was noch schlimmer ist: Sein Gehalt muss gekürzt werden. Das System verhindert so auf ganz natürliche Weise den Wildwuchs von theologischen Theorien, die erfolgreiche kirchliche Arbeit torpedieren. Der zweite Effekt dieses Systems: Man bevorzugt Pfarrstellenbewerber, die von Universitäten kommen, wo eine Theologie gelehrt wird, welche missionarische und kybernetische Kompetenz verleiht.

Mit Leuten von der Jungen Kirche Berlin – ich war deren Gründer und zu der Zeit noch deren Leiter – machten wir ab und zu Straßeneinsätze auf einem belebten Platz im Osten Berlins. Mit Fragebögen, Stehtisch, Werbesonnenschirm und einer Schüssel gefüllt mit Merci-Schokolade baten wir die vorbeigehenden Leute, uns zu helfen, um mehr über das Leben in dieser bunten Stadt zu erfahren. Wir wollten mit den Menschen ins Gespräch kommen über Lebensgefühl, Probleme und Sehnsüchte der Menschen im Kiez und was sie von Kirche und Glaube halten?

Wir werteten nachher die Gespräche aus. Ihre Meinungen und Vorurteile konnten wir in drei Themengruppen zusammenfassen:

1. Kirche ist altmodisch und unverständlich: alte Lieder, unverständliche Sprache, unverständliche Themen, fremdartige Riten, eigenartige Musik, interessant vielleicht für alte Leute.
2. Kirche ist irrelevant für das tatsächliche Leben.
3. Die Menschen in der Kirche glauben selbst nicht (Heuchler).

Der dritte Punkt interessierte uns besonders. Wie kommen die Leute darauf? Sie kennen kaum Christen. Auffällig war, dass Punkt 3 meistens von Leuten genannt wurde, die überdurchschnittlich gebildet waren. Wir merkten, dass sie ihre Anschauungen über Religion zumeist aus der Lektüre unterschiedlicher Printmedien hatten, allen voran das Wochenmagazin DER SPIEGEL. Dort wird zweimal im Jahr (zu Ostern und Weihnachten) ausführlich und genüsslich berichtet, dass die theologische Forschung längst bewiesen hat, dass Jesus das alles, was in der Bibel steht, gar nicht gesagt hat, dass er nicht auferstanden ist usw. Dabei werden reichlich Theologen zitiert, zumeist Vertreter einer fragwürdigen, von einem reduktiven Ansatz geleiteten Theologie. Der Spiegel verkauft den Leuten umstrittene Lehrmeinungen als anerkannte Wahrheiten. Der Leser nimmt zweierlei mit. Erstens: Der Glaube ist widerlegt und das Christentum eine Farce. Zweitens: Die Leute in der Kirche glauben selber nicht mehr daran.

Fazit: Reduktive Theologie, die den Zweifel zum normativen Prinzip erhob, hat einen großen Anteil an der Immunisierung vieler Menschen gegen den christlichen Glauben. Die Theologie selbst, die eine apologetische (den Glauben verteidigende) Funktion hat, liefert der antikirchlichen und antichristlichen Agitation die Argumente, die über die Medien und auch über die Verkündigung der Kirche unters Volk gebracht werden. Theologie dient in diesem Fall dem Niedergang des Christentums.

Immunisierung durch Moralisierung

Wenn man in einer beliebigen deutschen Fußgängerzone die Leute fragen würde, worum es denn beim christlichen Glauben im Wesentlichen geht, so würde man vor allem drei Schlagworte hören: Nächstenliebe, Gebote halten und glauben (vermuten), dass es Gott gibt. »Christlich«

bedeutet für viele Leute ungefähr so viel wie sozial, nur halt mit Gott. Da man aber, so die allgemeine Meinung, auch ohne den ganzen religiösen Überbau, den man eh nicht versteht, ein guter Mensch sein kann, reichen der Glaube an die Existenz Gottes und das Bemühen um einen anständigen Lebenswandel völlig aus. Dass im Zentrum des christlichen Glaubens der Erlösungsgedanke steht, ist komplett außerhalb des Blickfeldes. Es fühlt sich für Kirchenleute zwar gut an, wenn man dem Christentum wenigstens eine soziale Bedeutung zuerkennt, aber viele Menschen sind durch die Moralisierung des Glaubens gegen den christlichen Glauben immunisiert. Sie sind überzeugt, dass sie für gelebte Nächstenliebe keinen Glauben, keinen Gott und gleich gar keine Kirche brauchen, es sei denn als Arbeitgeber in einem kirchlichen Werk. Das drückt sich in dem oft gehörten Spruch aus: »Mancher Atheist ist ein besserer Christ als ein Christ.« Gemeint ist: Christsein bedeutet, seinen Mitmenschen zu helfen und ein guter Mensch zu sein. Wer das halbwegs hinbekommt, ist ein Christ. Ob er an Gott glaubt, ist dabei nicht so wichtig, da es ja beim Glauben im Zentrum um etwas anderes geht, nämlich um Nächstenliebe. Auch viele Kirchenmitglieder können mit der Kernbotschaft des Glaubens wenig anfangen (wie verschiedene Umfragen immer wieder zeigen) und reduzieren den Glauben auf das Tun des Guten. Bei Protestanten ist die Verengung des Glaubens auf seine soziale Dimension etwas stärker ausgeprägt. Katholiken haben das Verständnis besser bewahrt, dass das Christentum wesensmäßig eine Erlösungsreligion ist. Das ist insofern verwunderlich, weil Luther ja gerade das wahre Wesen des Glaubens wieder zum Leuchten bringen wollte. Nicht die guten Taten bringen einen Menschen zu Gott, sondern der Glaube an Jesus Christus, der durch *Seine* gute Tat, nämlich der Erlösung am Kreuz, den Menschen gerettet hat vor der Verlorenheit. Irgendwas muss schief gelaufen sein im Protestantismus, dass Luthers Lehre von der Rechtfertigung des Sünders allein durch den Glauben so sehr dem Vergessen anheimfiel.

Um das zu verstehen, müssen wir uns ins 17. Jahrhundert begeben. Hinter uns liegen schreckliche Religionskriege zwischen Protestanten und Katholiken: die Hugenottenkriege in Frankreich und der Dreißigjährige Krieg in Deutschland. Halb Europa ist verwüstet. Millionen Menschenleben sind zu beklagen. Der Anlass für diese Schlächterei waren Religionsstreitigkeiten. Und so sagten sich die klugen Köpfe jener Zeit, es muss eine Instanz geben, die über der Religion steht, die sozusagen Religion domestiziert: die *Vernunft*. Eine neue geistesgeschichtliche Epoche wurde geboren: das großartige Zeitalter der *Aufklärung*. Bei aller Wertschätzung der christlichen Religion sah man doch, dass sie zu Fanatismus und Gewalt führen kann, wenn sie nicht im Lichte der Vernunft gestaltet wird. Und so begannen die Geistesgrößen jener Zeit die großen Themen wie Welt, Religion, Mensch, Staat, Kultur, Natur und Kultur nach den Maßgaben der Vernunft neu zu formatieren. Auch die dogmatischen Aussagen der Theologie kamen auf dem Prüfstand einer aufgeklärten Ratio, und manches erschien auf einmal als »unvernünftig«. Auf die Volksfrömmigkeit hatte das zunächst wenig Einfluss. Ende des 18. Jahrhunderts setzte sich unter den Gebildeten immer mehr eine religionskritische Haltung durch. Neue wissenschaftliche Erkenntnisse und philosophische Strömungen, die jede Metaphysik als Unfug ablehnten, wurde für die Theologie zur Herausforderung. Sie sah ihre Aufgabe darin, den christlichen Glauben mit dem modernen Denken in Einklang zu bringen. Großartige Erfindungen und wissenschaftliche Erkenntnisse ließen ein neues Lebensgefühl des Fortschritts und der zunehmenden Beherrschbarkeit der Welt entstehen. Diese neue Weltsicht vertrug sich aus der Sicht damaliger Intellektueller nicht mit den Vorstellungen der Bibel wie Wunder, Erlösung, Erbsünde. Die *liberale Theologie,* so die theologische Modeströmung des 19. Jahrhunderts, reduzierte daher das Evangelium auf seinen ethischen Kern. Sie sah in den Erzählungen der Bibel vor allem den Anspruch, das Gute und Sittliche im Menschen zu fördern. In Jesus erblickte man eigentlich nicht den Erlöser, sondern ein Vorbild des sittlichen Lebens, einen moralisch hochstehenden Menschen, einen Lehrer der edlen Gesinnung. Entsprechend bestand der christliche Glaube nun vor allem im Tun des Sittlichen und Guten. Eine Erlösungsreligion mutierte zu einem christlichen Humanismus, zum »Gutmenschentum«, wie das einige Heutige bezeichnen würden. Die Moralisierung des Glaubens sickerte allmählich von den intellektuellen Eliten zu den Menschen an der Basis durch und veränderte die Volksfrömmigkeit.

Die Moralisierung und in der Folge die Politisierung des Glaubens erscheint mir als eine Flucht, um irgendwie die Bedeutsamkeit von Kirche und Glaube zu retten. Man muss wenigstens die Menschen für das Gute, oder das, was man dafür hält, aktivieren, wo man nicht mehr so recht an einen handelnden Gott glauben kann, der durch Christus einen Weg zu sich eröffnet hat. Wenn man schaut, was in den letzten fünfzig Jahren in der EKD die vorherrschenden Themen waren, welche die Synoden und die öffentlichen Verlautbarungen dominierten, gewinnt man den Eindruck, dass die Kirche vor allem eine Moralagentur ist. Der Schriftsteller *Klaus-Rüdiger Mai* warnt in seiner Streitschrift »Geht der Kirche der Glaube aus?« vor einer Politisierung der Kirche auf Kosten ihres eigentlichen Auftrages. Sie ist im öffentlichen Raum »nicht mit dem präsent, mit dem sie präsent sein sollte, nämlich mit dem, was Glaube ausmacht: mit dem Evangelium Christi, mit dem größten Schatz der Kirche, wie Martin Luther einst schrieb. An die Stelle der verpönten Mission trat weithin die Politisierung der Kirche. Politisieren statt Missionieren?«. Den Grund für das wachsende Desinteresse der Leute an Kirche und Glaube sieht Mai auch darin, »dass die vielen politischen Botschaften, Ermahnungen und Drohungen, die von Kirchenfunktionären ausgehen, die Verkündigung des Glaubens überdecken«.[12]

Der seit rund zweihundert Jahren laufende Prozess der Moralisierung des christlichen Glaubens hat mit dazu beigetragen, dass Menschen gegenüber der christlichen Kernbotschaft von der Versöhnung mit Gott immunisiert wurden. »Glaube brauche ich nicht. Ich bin doch ein guter Mensch. Daher wird Gott schon irgendwie, wenn es ihn überhaupt gibt, zufrieden mit mir sein.« Wenn Wesen und Ziel von Religion lediglich in der moralischen Verbesserung des Lebens gesehen werden, wird Religion überflüssig, ja sogar zum geistigen Ballast, den man getrost über Bord werfen kann. Religion, die sich in sozialem Engagement, Klimarettung, Geschlechtergerechtigkeit und Weltverantwortung erschöpft, schafft sich ab. Das gilt stärker für das Umfeld des Protestantismus. Im katholischen Glauben ist der Erlösungsgedanke tiefer verankert. Die Katholische Kirche hat ein anderes Problem, das ihr viele Kirchenaustritte beschert: die Missbrauchsskandale.

4. SCHADENSMELDUNGEN

Das reduktive liberale Denkraster

Als »liberal« wird eine Theologie bezeichnet, weil sie sich befreien (latein: *liberare*) möchte von den Zwängen der Tradition mit ihren starren Glaubenssystemen, spekulativen Dogmen und Wundern, um modernen Menschen Zugänge zum Glauben zu eröffnen. Ich finde den Begriff »liberal« unangemessen, weil hier Theologie nicht von etwas befreit wird, um die eigentliche Essenz zum Vorschein zu bringen. Vielmehr wird Theologie in ein System von ideologischen und methodischen Vorentscheidungen gezwängt. Nicht Freiheit ist das Resultat, sondern Enge – vergleichbar mit einem einzwängenden Korsett, das einer schönen Frau (der Theologie) die Luft zum Atmen abschnürt. Ich ziehe daher den Begriff »reduktive« Theologie vor, weil hier etwas Wesensmäßiges wegreduziert wird. Theologie wird zurechtgestutzt auf ein für säkulare Menschen erträgliches Maß. Der Starkstrom Gottes, der das Universum bewegt, wird heruntertransformiert auf 1,5 Volt, die noch ein bisschen auf der Zunge kitzeln, aber nichts bewegen.

Ein *Denkraster* ist ein Schema, das auf die Wirklichkeit angelegt wird. Es filtert alles heraus, was nicht dem Gesuchten entspricht. Ich denke an die Rasterfahndung seit den 1980er Jahren. Durch diese Methode sollten potentielle Terroristen unter der Bevölkerung herausgefiltert werden. Bei einem Denkraster fällt das durch, was nicht benötigt wird oder stört. Ein Denkraster erzeugt als ideologisches Auswahlverfahren Denkverbote. Das liberale reduktive Denkraster ist das Resultat einer reduktiven Vorannahme, nämlich der wissenschaftlich nicht begründbaren Entscheidung, Wunder, Offenbarungen und göttliches Eingreifen von vornherein auszuschließen. Der Rechtsphilosoph *Hugo Grotius* führte im 17. Jahrhundert ein wichtiges Forschungsprinzip ein, dass nämlich Wissenschaft forschen muss *etsi Deus non daretur* – als ob es Gott nicht gäbe. Dieser wichtige Grundsatz hat sich ab dem 18. Jahrhundert allgemein durchgesetzt. Er gilt als Basisregel wissenschaftlichen Arbeitens sowohl in den Naturgesetzen wie auch in den Geisteswissenschaften. Dieser Grundsatz ist seit der Aufklärung im 18. Jahrhundert allmählich auch in der universitären Theologie zur Anwendung gekommen. Die Gotteswissenschaft unterwirft sich dem erkenntnistheoretischen Ansatz, so zu arbeiten »als ob es Gott nicht gebe«. Dieser Grundsatz dominiert heute als methodisches Axiom die exegetischen Wissenschaften und entzieht damit den anderen theologischen Disziplinen ihr biblisches Fundament. Für alle Wissenschaft ist Forschung »als ob es Gott nicht gäbe« eine unabdingbare Voraussetzung, um zu seriösen Resultaten zu gelangen. Die Theologie allerdings ist ein Gebiet, in dem dieses Prinzip *nicht* angewendet werden darf. Denn sie befasst sich als Gotteswissenschaft mit dem, was sich menschlicher Verfügbarkeit und Beweisbarkeit entzieht, weil Gott eben nicht Teil dieser Welt ist. Es geht beim Glauben ja gerade darum, dass das Ewige einbricht in diese vergängliche Welt, dass der Himmel sich im Hier und Jetzt ereignet, dass die Kräfte der jenseitigen Welt sterbliche Menschen inspirieren.

Das Weltbild des liberalen Denkrasters

Das spirituelle Weltbild geht ganz selbstverständlich davon aus, dass neben der physikalisch-materiellen Welt eine geistige, spirituelle Dimension existiert. Die Religionssoziologie nennt das die *Verdoppelung der Wirklichkeit*. Es gibt die sichtbare und die unsichtbare Wirklichkeit, die Welt der Naturgesetze und die Welt der geistlichen Kräfte und jenseitigen Mächte, diese Welt und die jenseitige, die viele Namen hat: Himmel, Transzendenz, Nirwana, Jenseits. Diese doppelte Wirklichkeit ist die Grundüberzeugung der Menschheit seit Jahrtausenden. Etwa 95 Prozent der Menschen teilen dieses spirituelle Weltbild. Zahl steigend. Dem gegenüber steht das materialistische Weltbild. Ein amerikanisches Wissenschaftsmagazin hat dieses Weltbild treffend zusammengefasst: No heaven, no hell, just science. Es gibt nur die anfangslose Materie und die ewigen Naturgesetze. Der Mensch ist eine hochevolutionierte Bio-Maschine. Bewusstsein ist lediglich Materie, die sich ihrer selbst bewusst geworden ist. Es gibt keinen Himmel, keine Hölle, kein Jenseits, keine jenseitigen Kräfte. Das Sein wird auf einen Level reduziert: die materielle Welt. Jede geistig-spirituelle Wirklichkeit wird verneint.

Die Vertreter dieses Weltbildes halten selbiges für wissenschaftlich. Ich kenne dieses Weltbild sehr gut. Als Student in Leipzig zu Zeiten der atheistischen DDR-Diktatur musste ich mich damit auseinandersetzen in der Vorlesungsreihe »Wissenschaftlicher Atheismus«, von uns damals »Rotlichtbestrahlung« genannt. Gleichzeitig begegnete mir dieses Weltbild an ganz anderer Stelle wieder: in einem exegetischen Seminar zum Neuen Testament. Wir lasen den Aufsatz »Neues Testament und Mythologie« von 1941, der so etwas wie eine neue Epoche in der evangelischen Theologie einleitete. *Rudolf Bultmann,* der Autor, forderte darin, dass man um der Glaubwürdigkeit der christlichen Botschaft willen die Verkündigung reinigen muss von allen mythologischen Vorstellungen: Himmel, Gottheit Jesu, jenseitige Mächte, Sühnetod Jesu, Auferstehung, Heiliger Geist... Für den modernen Menschen sei das unzumutbar und daher als Thema »erledigt«. Aber nichts davon ist erledigt. Im Gegenteil. Spiritualität boomt. Auch in Deutschland bilden die Menschen, die spirituell ticken, eine stattliche Mehrheit. Bultmann behauptet, »Man kann nicht elektrisches Licht und Radioapparat benutzen, in Krankheitsfällen moderne medizinische und klinische Mittel in Anspruch nehmen und gleichzeitig an die Geister- und Wunderwelt des Neuen Testaments glauben.« Klar kann man! Milliarden Menschen tun das. Sie glauben an jenseitige Mächte und benutzen fröhlich modernste High-Tech-Geräte, die Bultmann in seinen kühnsten Träumen nicht für möglich gehalten hätte. Die Naivität und Provinzialität dieses klugen Mannes ist nicht nachvollziehbar. Noch weniger nachvollziehbar ist, dass er eine ganze Theologengeneration prägte, die dann mit ihrer zur Banalität heruntertransformierten Theologie die Kirchen leer predigten. Nicht wenige haben gesehen, wohin die Reise geht, wenn man dem liberalen Reduktionismus konsequent folgt. Ihr Bemühen war es, unter Beibehaltung der reduktiven erkenntnistheoretischen Vorentscheidungen den Glauben zu retten. Sie hatten dabei die unzähligen Christen in den Kirchen vor Augen. Ich befürchte, dass ihnen das nicht gelang.

Ideologische Bibelkritik

An den theologischen Fakultäten deutscher Universitäten ist immer noch eine Methode Standard, die ein historistisches, reduktives Weltbild als Denkvoraussetzung für die Erforschung der Bibel setzt: die *historisch kritische Methode*. Der Theologe *Ernst Troeltsch* entwickelte in der Wende zum 20. Jahrhundert Grundregeln für die historische Forschung, die auch in der Bibelwissenschaft Anwendung finden müssen: Zu allen Zeiten gelten die gleichen Gesetzmäßigkeiten (Analogieprinzip) und alles, was geschieht, ereignet sich streng immanent-kausal nach dem Prinzip von Ursache und Wirkung (Kausalprinzip). Diese beiden sinnvollen Prinzipien gelten innerhalb eines innerweltlichen Bezugsrahmens. Der aber wird ja gerade durch das Eingreifen Gottes gesprengt, denn der ewige transzendente Gott gehört nicht in diesen Bezugsrahmen, weder sein Sein noch sein Tun. Dieses reduktive Raster gilt bis heute in der historisch-kritischen Erforschung der biblischen Schriften. So kann man in einem Arbeitsbuch für Studenten von 2004 den Satz lesen: »Die biblischen Texte werden methodisch nicht anders behandelt als andere literarische Zeugnisse, insbesondere solche der Antike«.[13] Durch die Übernahme dieses Arbeitsgrundsatzes, der auf unangemessenen Vorentscheidungen beruht, scheidet alles aus, was den beobachtbaren Naturgesetzen widerspricht: die Wunder wie überhaupt die in der Bibel bezeugten heilsgeschichtlichen Ereignisse bis hin zur Auferstehung Christi. Dabei kommen die Exegeten zu ganz unterschiedlichen Ergebnissen. Was die einen für ein echtes Jesuswort halten, wird von den anderen als »unecht« entsorgt – je nachdem, ob es in das persönliche theologische Raster passt. Vom Jesus der Bibel bleibt nicht viel übrig als ein unübersichtliches Konglomerat von «das kann Jesus nicht gesagt und das kann er nicht getan haben, das geht nicht, weil es gegen unsere Weltsicht verstößt.« Nicht mal Theologen blicken da noch durch. Und so geht Gott sei Dank der Trend in den exegetischen Wissenschaften dahin, die biblischen Texte von ihrer Endgestalt her zu betrachten.

Wie verhält es sich mit der Auferstehung Jesu, die alle Vorstellungen der materiellen Weltlichkeit sprengt? Nun, es gab sie nicht, genauso wenig wie es das leere Grab gab. Und die Berichte? Die Jünger konnten sich mit dem Tod ihres Meisters nicht abfinden, so dass ihre Gehirne Visionen vom Auferstandenen produzierten. Aber von Visionen ist in den Berichten gar nicht die Rede, sondern von leibhaften Begegnungen mit dem Auferstandenen. Er aß mit ihnen, man konnte ihn berühren. Um die Auferstehung auch ohne Auferstandenen zu retten, ersann man in der Theologie einige Theorien, die hier den Rahmen sprengen. Zusammengefasst: Eine Reihe von Theologen bringt das Kunststück fertig, von der Auferstehung Jesu zu reden, *obwohl* das Grab nicht leer war und Jesus darin vermoderte. Gott hat nämlich nicht am toten Jesus gehandelt, sondern an den Jüngern, und ihnen den Glauben an die Auferstehung geschenkt. Aber dass Gott den Gekreuzigten auferweckte, der das Grab hinter sich ließ, in eine neue nicht mehr irdische Leiblichkeit transformiert wurde und schließlich aufgenommen wurde in eine supernaturale Wirklichkeit (Himmelfahrt), war für im materialistisch-reduktiven Denken trainierte Theologen einfach unmöglich. Irgendwie wollten sie aber die Auferstehung Jesu retten. Ihre Idee: Sie haben die Auferstehung in lauter Bedeutsamkeit aufgelöst: »Auferstehung heißt, die Sache Jesu geht weiter.« Oder: »Jesus ist in das Kerygma auferstanden«. Mit anderen Worten: Jesus ist dort auferstanden, wo er verkündigt wird. Als sozialistisch gebildeter Ossi habe ich noch einen Spruch aus der DDR-Zeit in Erinnerung, der auf riesigen Transparenten überall herumhing: »Lenin lebt durch unsere Taten«. Aber Lenin ist mausetot und das Gerede von »er lebt durch unsere Taten« ist nur ein Trick, um die sozialistische Produktion anzukurbeln.[14]

Alles, was nicht in ein materielles Weltbild passt, das man damals für wissenschaftlich hielt, wird wegrationalisiert, zum mythologischen Beiwerk deklariert oder eigenartig uminterpretiert als Seelenzustände religiös Begabter. Die Konsequenz ist ein farbloses, moralisierendes, langweiliges, banales Christentum ohne Offenbarungen, ohne Wunder, ohne Totenauferweckungen, ohne Visionen, ohne Engel, ohne Heilungen, ohne Eingreifen Gottes, ohne die Werke des Heiligen Geistes, die in der Heiligen Schrift und in der Geschichte der Kirche überreich bezeugt sind. Dem Protestantismus, der als alleinige Grundlage die Bibel hat, wird das Fundament entzogen. Die Konsequenz dieser Theologie heißt Atheismus. Mit einer Theologie der leeren Krippe und des vollen Grabes gibt es keine Zukunft für die Kirche. Kein Mensch, gleich gar keine erlösungsbedürftige Welt, braucht so eine Religion mit einem Glauben an einen stummen, abwesenden Gott, an einen Erlöser, der gar keiner ist, sondern lediglich ein religiös begabter Mensch, an einen Messias, der letztlich am Kreuz scheiterte. Dieser fundamentalistische Rationalismus macht aus der großen Geschichte Gottes mit der Menschheit ein armseliges Trauerspiel der Auflösung des Glaubens in lauter harmlose Existenzialismen und Moralismen. Das ist nicht nur eng, das ist langweilig. Ein Blick in die weltweite Christenheit und ihre vielfältige Theologie führt in eine erlösende Weite weg von einer elitären und gleichzeitig kleinkarierten Schreibtischtheologie bildungsbürgerlicher und irgendwie auch spießiger Gelehrsamkeit.

Eine wissenschaftliche Alternative

Was wäre eine wissenschaftliche Alternative zur historisch-kritischen Methode? Sicherlich nicht ein Biblizismus und Fundamentalismus, der in der Theorie von der Verbalinspiration (jedes Wort in der Bibel ist vom Heiligen Geist eingegeben unter Ausblendung der Persönlichkeit des Schreibers) ihren Ausdruck findet. Natürlich haben die Autoren der Bibel als Kinder ihrer Zeit geschrieben im Kontext ihrer Vorstellungswelt. Das bedeutet, dass die Bibel historisch erforscht werden muss. Aber – und hier liegt der entscheidende Unterschied – ohne die Übernahme eines materialistisch-reduktiven Vorverständnisses. Wenn etwas berichtet wird, was die uns vertrauten Naturgesetze durchbricht, dann heißt das noch lange nicht, dass es *nicht* tatsächlich geschehen ist, nur weil es mit unserem Wirklichkeitsverständnis kollidiert. Andersherum:

Nur weil etwas in der Bibel erzählt wird, muss es noch lange nicht auch historisch geschehen sein. Theologische Wissenschaft als Gotteswissenschaft darf mit dem Eingreifen Gottes rechnen. Wenn sie das ausklammert, ist sie keine Theologie mehr, sondern säkulare Geschichtsforschung. Die Bibel erzählt nicht einfach historische Ereignisse, sondern die Geschichte Gottes mit dem Menschen. Gott greift ein in die Geschehnisse dieser Welt. Darum »ist kein Ding unmöglich«.

Einer der ganz Großen in der jüngeren Forschung ist der kürzlich verstorbene katholisch-evangelische Neutestamentler *Klaus Berger*. Er hat mit seinem Buch »Die Bibelfälscher« die philosophischen und ideologischen Vorentscheidungen seiner Kollegen analysiert, Denkverbote aufgedeckt und die Folgen ihres rationalistischen Fundamentalismus für die Kirchen benannt. »Die historisch-kritische Exegese der letzten 200 Jahre hat alles Porzellan im Haus der Christenheit zerschlagen, bis hin zur letzten Blumenvase. Jedenfalls für den, der ihre Resultate zur Kenntnis nehmen wollte und konnte. Sie hat viele Theologiestudierende zum Abbruch ihres Studiums gebracht und lieferte vielen Menschen wohlfeile Argumente, um aus der Kirche auszutreten. Sie hat den Atheismus gefördert und die Spaltung der Kirchen nicht gelindert, sondern auf ihre Weise fortgesetzt«.[15] Der frühere Landesbischof der Evangelischen Landeskirche in Württemberg *Gerhard Maier* warnte schon in den 1970er Jahren vor den Folgen der historisch-kritischen Methode: »Der tiefste Einwand ist aber der, dass Kritik einer möglichen göttlichen Offenbarung gegenüber eine unzutreffende und falsche Entsprechung darstellt, die im Grunde die menschliche Eigenmächtigkeit und deren Maßstäbe gegen den

Anspruch der Offenbarung aufrechterhält. Weil diese Methode also dem Gegenstand nicht angemessen ist, ja dessen offenbarer Tendenz widerstreitet, müssen wir sie ablehnen.«[16] Bis heute hat man ihm kaum Gehör geschenkt. Wahrscheinlich muss man erst die geistliche Verwahrlosung erkennen, die diese Methode in der Kirche anrichtete.

Die Kirche der Zukunft wird auf jeden Fall die Bibel als einzigartiges Dokument der Offenbarung Gottes hochhalten. Die Heiligen Schrift bezeugt den Schöpfer allen Seins als handelnden Gott in dieser Welt durch Jesus Christus und durch das Wirken des Heiligen Geistes in Vergangenheit, Gegenwart und Zukunft. Sie darf darum nicht nur als historisches Dokument gelesen werden, sondern als »Betriebsanleitung« für ein Leben mit und aus Gott. Die historistische Untersuchung der Bibel hängt in einer Umlaufbahn fest um die Frage, was die Autoren wohl gedacht und gewollt haben. »Anstatt mit Hilfe der Schrift das Evangelium zu verstehen, konzentrierte man die theologische Arbeit darauf, die Schrift zu verstehen.«[17] Es geht um viel mehr, als nur das Wort der Bibel zu erfassen. Es geht darum, dass die Heilige Schrift uns hin zu Gott führen will, *wer* Er ist. Und zwar nicht als abstrakte Idee damaliger Autoren, sondern als Gott für uns und unter uns. Darum ist die Heilige Schrift mehr als ein Geschichtsdokument. Sie ist eine Anleitung, sich dem lebendigen Gott anzuvertrauen und sich seinem Wirken zu öffnen. So lange wir die Bibel nur als Historiker lesen und erforschen, bleibt sie im Horizont einer längst vergangenen Zeit. Vielleicht kann man etwas für heute lernen. Aber es bleibt bei ein paar Einsichten. Als *Theologe* die Bibel zu studieren, bedeutet, sie im Horizont des dreieinigen Gottes zu lesen, der uns sozusagen beim Lesen über die Schulter schaut, durch seinen Geist gegenwärtig ist und das Gelesene in uns lebendig macht. In der Spiritualitätsgeschichte des Christentums gibt es eine überbordende Fülle an Lebenszeugnissen von Menschen, für die die Bibel zu einem Buch wurde, dass sie zum lebendigen Glauben führte, und zwar nicht zum bloßen Glauben an dogmatische Lehrsätze, sondern zur Entdeckung, dass es Gott gibt und dass er mit seiner Liebe und Gegenwart mein Herz berührt und verändert. Jüngstes Literatur gewordenes Beispiel ist »Der Bibelraucher« von Wilhelm Buntz - eine wahre Geschichte. Ein auf die schiefe Bahn gekommener Mann dreht sich im Gefängnis aus den Seiten einer Bibel seine Kippen. Zuvor liest er, was er raucht. So qualmt er sich bis zu den Geschichten mit Jesus. Da packt ihn der Text und bald das Evangelium von dem Gott, der sich in Jesus uns zuwendet und einen Neuanfang schenkt.

Der eigentliche Schaden

Jesus wird in der Bibel der kostbare Eckstein genannt (Apostelgeschichte 4,1. Petrus 2, Epheser 2). Das ist ein Bild aus der Architektur. Der Eckstein hält als Schlussstein im Gewölbe den gesamten Bau zusammen. Wenn der Schlussstein herausfällt, kollabiert das gesamte Bauwerk. Jesus ist die Mitte der Kirche. Wie wir zu ihm stehen, entscheidet darüber, wie wir zu Gott stehen, ob wir erlöst und »als lebendige Steine« Teile dieses Bauwerks sind, nämlich der Kirche. Ohne diesen Hauptstein gibt es keine Kirche, keine Gotteskindschaft, kein Reich Gottes, kein Christentum. Jesus ist die alles entscheidende Mitte. Theologisch gesprochen: Das Zentrum des Christentums, A und O, Alpha und Omega, ist die Lehre von Jesus, die *Christologie*. Sie ist das Herz des Christentums. An Jesus entscheidet sich alles. Christliche Spiritualität ist Jesus-Frömmigkeit, christliches Leben ist Lebensgemeinschaft mit Jesus, christlicher Glaube ist das Ergreifen dessen, was Jesus für mich und für alle getan hat, christliche Kirche ist die Gemeinschaft derer, die durch Glaube und Taufe zu ihm gehören. Was geschieht mit einer Kirche, wenn ihre Mitte, ihr Eckstein, sich auflöst?

Wir haben in den europäischen Kirchen, besonders im deutschen Protestantismus, eine *beschädigte Christologie* als Folge einer Jahrhunderte währenden Demontage der Christologie: Jesus nicht geboren von einer Jungfrau, keine Erlösung durch seinen Tod, keine Höllenfahrt, um auch den toten Seelen die Erlösung zu verkünden, keine leibliche Auferstehung, keine Präexistenz Jesu, keine Wunder, keine Totenauferweckungen durch den in der Autorität Gottes handelnden Jesus, keine Messianität Christi, keine Gottessohnschaft und damit auch keine Dreieinigkeit Gottes. Und Jesus? Wer war er nun in den Augen der Demonteure? Je nach Vorliebe: ein religiös begabter Wanderprediger, ein frommer Sozialarbeiter, ein Morallehrer, ein pazifistischer Revolutionär, ein Kritiker der etablierten Religion, ein Weisheitslehrer des richtigen Weges, auf jeden Fall ein toller Typ, aber nicht der gottgesandte Erlöser. Dieser klein gemachte, auf ein bürgerlich erträgliches Maß zurechtgestutzte Jesus ist weithin der Theologenschaft gelehrt worden und prägt als Grundrauschen die kirchliche Wirklichkeit.

1996 erschien ein »Glaubensbekenntnis für unsere Zeit«, das sogar in das Gesangbuch der Evangelischen Kirche von Kurhessen-Waldeck aufgenommen wurde. In dem Glaubensbekenntnis heißt es zum 2. Artikel: »Wir glauben an Jesus Christus, den Gesandten der Liebe Gottes, von Maria geboren.« Jesus ist kein Gesandter! Der Häretiker Arius, der die Gottessohnschaft Jesu bestritt, hätte wohl seine Freude an diesem Text. Ebenso Mohammed. Auf dem Tempelberg in Jerusalem steht eines der wichtigsten Heiligtümer des Islam: der Felsendom mit seiner vergoldeten Kuppel. Auf deren Innenseite steht mit großen Lettern, was der Islam von Jesus hält: »Christus Jesus, der Sohn der Maria, ist nur der Gesandte Gottes«. Die Bezeichnung »Gesandter« im Glaubensbekenntnis von Kurhessen-Waldeck ist ein Einknicken vor dem Islam und ein Verrat an dem, was nach dem Zeugnis der Bibel und der Kirche die wahre Identität Jesu ist: »Du bist der Messias, der Sohn des lebendigen Gottes« (Matthäus16,16). Die Propheten des Alten Testaments waren Gesandte. Die Apostel waren Gesandte (apostellein-senden). Jesus gehört nicht in diese Reihe. Er ist absolut *einzigartig*: Gott, der einer von uns wurde, um uns zu erlösen. Der tiefste Ausdruck dafür ist »Sohn Gottes«. Diese Selbstbezeichnung Jesu hat ihm das Todesurteil des Hohen Rates eingebracht. Hätte er sich nur als Prophet ausgegeben, wäre er als religiöser Spinner mit dem Leben davongekommen. Und dass man in diesem reduktiven Glaubensbekenntnis *»Jungfrau«* streicht und nur von Maria redet, ist ein Schlag ins Gesicht der Ökumene und ein Hinweis auf eine verdünnte Christologie, die den Glauben anpassen will an die Begrenztheit menschlichen Verstehens. Für die gesamte globale Christenheit, von den Katholiken über die Orthodoxen und Lutheraner bis hin zu den Pfingstlern, gehört das »geboren von der Jungfrau Maria« zur unverzichtbaren Grundüberzeugung und zum Fundament des christlichen Glaubens. Dass Jesus wahrer Mensch und wahrer Gott ist, findet seinen unüberbietbaren Ausdruck in der Jungfrauengeburt. Nur ein paar Theologen des Westens, welche eine unglaublich arrogante Skepsis zur norma normans, zum normierenden Prinzip gemacht haben und in ihrer Gefolgschaft einige von Zweifeln beseelte Abendländler, meinen, dass der Glaube unbeschadet bleibt ohne »Jungfrau«. Die Zerstörung der Volksfrömmigkeit, die besonders im Weihnachtsfest deutlich wird, ist die Frucht einer Verkündigung, welche die herzwärmenden weihnachtlichen Narrative in das Reich von Lügen und Legenden schicken. Ein von mir geschätzter Theologieprofessor sagte kürzlich zu mir, dass er nicht an die Jungfrauengeburt glauben könne, aber das sei ja nicht heilsnotwendig. Da hat er zwar recht, aber nach meiner Einsicht signalisiert der Zweifel an der Jungfrauengeburt, dass irgend etwas mit dem Gottesbild nicht stimmt. Ein Bekannter von mir, ein kluger und theologisch gebildeter Nichtchrist, meinte zu mir: »Wenn das mit Gott so stimmt, warum tut ihr euch so schwer mit *»geboren von der Jungfrau«*? Wenn Gott *Gott* ist, dann ist das kein Problem. Wenn Gott nicht Gott ist, dann kann man alles anzweifeln, Glauben, Jesus, Christentum, Kirche.« Daraus lerne ich: Der Glaube, dass Jesus von der Jungfrau Maria geboren wurde, macht die Verkündigung der Kirche nicht unglaubwürdig. Im Gegenteil: Die Negation dieser göttlichen Tat suggeriert, dass Glaube etwas Eingängiges, Verstehbares und Nachvollziehbares sein muss. Glaube aber ist ein göttliches Geschenk und Mysterium, eine Frucht des Heiligen Geistes. Denn was wir glauben, entspringt nicht menschlicher Klugheit oder menschlichem Erkennen, sondern dem, was »der Geist Gottes uns lehrt, und wir erklären das, was Gott uns durch seinen Geist offenbart hat« (1. Korinther 2). Im Neuen Testament taucht das Wort Mysterion 27 mal auf. Luther übersetzt Mysterion mit Geheimnis. Der Begriff ist missverständlich und trifft nicht, was das Wort eigentlich meint. Ein Geheimnis darf niemand wissen. Zwei Freundinnen gestehen sich, in wen sie unsterblich verliebt sind. Und dann versprechen sie einander, niemanden auch nur ein Sterbenswörtchen darüber zu verraten. Das Geheimnis des Glaubens aber sollen alle Menschen erfahren. Der Zugang indes ist ein anderer. Das göttliche Geheimnis erschließt sich nicht durch menschliche Logik, sondern durch Offenbarung im Herzen. Das alte Wort dafür: Erleuchtung. Ein schönes Bild. Licht fällt in einen dunklen Raum. Das Licht ist der Heilige Geist. Der dunkle Raum ist das menschliche Herz. Das Christentum ist wesensmäßig eine Offenbarungsreligion. Unsere Ratio ist für die Dinge dieser Welt gemacht. Die Realität Gottes ist aber nicht Teil dieser Welt, sondern sie teilt sich mit, wenn Gottes Wesen und Liebe unser Leben berührt. Wer das erfährt, ist grenzenlos fasziniert, erschüttert, begeistert, verunsichert, schockiert. Weil da etwas von außerhalb in unsere Welt und Existenz hereinbricht, das wir weder verstehen, noch messen, noch darüber verfügen können, fehlen uns die Worte dafür. Unsere Sprache und unsere Logik kann nur Innerweltliches erfassen.

Ich stelle mir vor, wie es einem Uhrmacher vor einhundert Jahren ergangen wäre, wenn man ihm eine moderne Quarzuhr gegeben hätte. Er wäre absolut überfordert zu verstehen, wie diese Uhr funktioniert. Er kann nur konstatieren, dass sie tatsächlich die Zeit anzeigt. Der rein rationalistische Zugang kommt heftig an seine Grenzen, wenn es darum geht, das biblische Zeugnis vom stellvertretenden Opfertod Jesu für die Sünden der Welt zu verstehen. Das ist immerhin das Zentrum der Christologie. Schon beim Propheten Jesaja wird etwa 500 Jahre vor Christus angekündigt, dass einer kommen wird, der uns durch seinen Tod mit Gott versöhnt (Jesaja 53). Das ganze Neue Testament verwendet eine überfließende Fülle von unterschiedlichen Worten, Bildern, Vorstellungen, nur um zu verdeutlichen, dass durch das Kreuz Christi die Sünde gerichtet und entmachtet ist. Diese gar nicht eingängige Wahrheit hat Millionen Menschen die Freiheit gebracht von Schuld, Hoffnungslosigkeit, zerstörerischen Bindungen und Süchten. Die Zeugnisse aus Geschichte und Gegenwart sind überwältigend. Dennoch stehen Leute im erkenntnisreduktiven Setting achselzuckend vor dem Kreuz. Die Konsequenten unter ihnen sagen (gegen das gesamte Zeugnis der Bibel), dass Jesus letztlich gescheitert ist. Diejenigen, die noch etwas retten wollen für den Glauben, sehen im Kreuzestod Jesu keine Erlösung, aber so etwas wie die Solidarität Gottes mit allen Leidenden in dieser Welt. Netter Gedanke, aber er geht an der Kernaussage vorbei, dass in diesem Tod eine befreiende Dynamik Gottes für uns Menschen liegt, »denn das Wort vom Kreuz ist eine Torheit denen, die verloren gehen, für uns aber, die wir gerettet werden, ist es eine Dynamik (Kraft) Gottes.« (1. Korinther 1)[18]

Besonders desaströs wirkt sich das liberale Paradigma auf zwei Gebieten aus: der Mission und dem Dialog mit dem Islam. Das vernachlässigte Thema *Mission* ist zur

Überlebensfrage der Kirchen hierzulande geworden. Weil eben die biologische Reproduktion nicht mehr funktioniert, muss die Kirche wieder missionarisch werden. Dies hatte sie in der Vergangenheit nicht nötig, aber heute entscheidet das ihre Zukunft. Die Fragen »Wie wird man Christ?« und »Wie bleibt man Christ?« bekommen eine außerordentliche Relevanz. Es ist im Grunde das elementare Thema des Christentums, das in dem alten und gescholtenen Wort »Bekehrung« zusammengefasst ist. Die Frage der Leute nach der Pfingstpredigt des Petrus in der Apostelgeschichte hieß: »Was sollen wir tun, um gerettet zu werden?« Heute lautet die Frage ungefähr so: »Sag mir, warum ich an deinen Jesus glauben soll!« Wer im liberalen Denkraster zu Hause ist, wird auf die Nächstenliebe verweisen, auf christliche Weltverantwortung, auf die Kraft des Friedens, die von Jesus ausgeht. Aber braucht es dazu den christlichen Glauben? Und ist dafür die Kirche nötig? Gibt es nicht NGOs wie Amnesty International und Greenpeace, die das schon machen und wahrscheinlich sogar besser? Mission ist für die liberalen Kirchen des Westens peinlich. Sie gilt als übergriffiger Akt, der das emanzipierte, mündige Gegenüber nicht ernst nimmt, als geistiger Hausfriedensbruch, der anderen respektlos eine Religion aufschwatzen will. Und natürlich wird, um sich vom Missionsgedanken abzugrenzen, die kolonialistische Vergangenheit herangezogen. Die liberalen Kirchen haben Mission nicht gänzlich abgeschafft, sie haben aber das Verständnis von Mission so umgebaut, dass es in ihr Konzept passt. In diesem gibt es keinen Jesus als Erlöser der Welt und kein Evangelium, das alle rettet, die ihm vertrauen. Es geht nicht mehr um Konversion, sondern um Entwicklungshilfe, um Dialog, um Frieden, Gerechtigkeit und die Bewahrung der Schöpfung. Der Missionsauftrag Jesu, alle Völker zu Jüngern zu machen, wird auf die Ethik reduziert. Mission erschöpft sich in reiner Diesseitigkeit. Heil wird nur noch als Befreiung aus sozialer Ungerechtigkeit verstanden. Kirche macht sich überflüssig, verwechselbar, profillos. Sie hat nicht mehr zu sagen als das, was wohlmeinende Politiker auch sagen.

Die Einzigartigkeit Jesu

Ich besuche in Berlin einen Pfarrkollegen in seinem Gemeindehaus. An der Wand hängt ein von Konfirmanden gestaltetes Plakat. Man sieht eine Insel umgeben von Wasser, auf der geschrieben steht: »Paradies, Reich Gottes«. Über das Wasser führen zwei Brücken zur Insel. Die eine ist beschriftet mit »Christentum«, die andere mit »Islam«. Ich habe mit dem Pfarrer über dieses Bild gesprochen: »Wenn du das glaubst und lehrst, was dieses Bild aussagt, dann kannst du nicht deutlich machen, warum deine Gemeindeglieder oder überhaupt jemand an Jesus glauben sollen. Dann ist es eigentlich egal ob Jesus oder Mohammed. Du wirst auch damit niemand überzeugen, wieder in die Kirche einzutreten. Warum soll er das? Was hat er davon, außer dass er Kirchensteuer zahlen muss? Warum ausgerechnet das Christentum?«

Der Kollege, ein netter und kluger Typ, hat nicht wirklich begriffen, wer Jesus ist. Und noch weniger hat er verstanden, was die Zeit ist. Glaube aus Tradition ist zunehmend out. Vererbte Religion ist ein Auslaufmodell. Die Leute wollen Religion wählen. Warum Jesus? Warum Kirche? Warum dort dazu gehören und dafür Geld und womöglich noch Zeit investieren? Yoga, transzendentale Meditation, NLP (Neuro-Linguistisches Programmieren) bringen mich vielleicht auch weiter. Oder warum nicht eine andere Religion? Vielleicht der Buddhismus? Er ist hilfreich gegen Stress und kennt keine Dogmen. Religion light, gut verdaulich für das Ego, Genuss statt Muss. Das liberale Denkraster mit seiner Demontage der Einzigartigkeit Christi, seiner Messianität und Gottheit, kann keine Gründe liefern, Jesus nachzufolgen. Die Mission der Kirche ist beschädigt, ihre Kraft zum Aufbruch paralysiert. Was hat ein harmloser Jesus, der kein richtiger Erlöser ist, kein Retter vor Sünde, Tod und Teufel, zu bieten? Warum soll ich an einen Zimmermannssohn aus Nazareth, einen religiös begabten Sozialarbeiter glauben, der letztlich scheiterte und im Grab zu Staub wurde? Okay, ich kann mich aus christlicher Motivation und mit den Werten, die Jesus gelehrt hat, für das Gute engagieren. Aber brauche ich dazu den Glauben und die Kirche? Anscheinend gilt nicht mehr, was die Apostel im Angesicht drohender Folter bekannten: »In keinem anderen Namen ist das Heil, auch ist kein anderer Name unter dem Himmel den Menschen gegeben, durch den wir gerettet werden können.« (Apostelgeschichte 4). Dann ist es nur folgerichtig, dass man, wie 2015 die Evangelische Kirche im Rheinland, eine Handreichung verfasst, die sich gegen Mission unter Muslimen ausspricht. Und wenn dann auch noch behauptet wird, Mission »widerspricht dem Geist und Auftrag Jesu Christi und ist entschieden abzulehnen«, dann weiß man, dass bei den Verfassern des Papiers christologische Dunkelheit herrscht.[19]

Ich war in Berlin eingeladen zum Opferfest, dem höchste Feiertag im Islam, über Abraham aus christlicher

Sicht in einem Freiluftgottesdienst zu sprechen. Im Koran wird auch die Geschichte berichtet, wie Abraham seinen Sohn opfern sollte, allerdings mit einigen Unterschieden zur Bibel. Zuerst predigte der Imam, dann ich, und dann gab es ein festliches Essen zusammen mit der Gemeinde. Ich saß am Tisch des Imams. Der fragte mich, was ich denn meine, ob aus christlicher Sicht auch Muslime in den Himmel kommen? Delikate Frage. Ich bejahte sie: »Jesus ist für alle Menschen gekommen, auch für Muslime. Er ist der Heiland der Welt, der Muslime genauso liebt wie Christen. Und wenn Muslime in den Himmel kommen, dann durch Jesus Christus.« Das sah der sympathische Imam anders, aber wir hatten eine gute Zeit. Ich habe einem einladenden, liebenden Christus verkündigt, ohne zu verschweigen, dass er für alle gekommen und gestorben ist. Der freundliche Dialog mit dem Islam ist wichtig. Aber Theologen im liberalen Denkraster mit einer beschädigten Christologie sind keine geeigneten Dialogpartner für den Islam. Nur ein Gegenüber, das für den anderen berechenbar ist, ist ein guter Dialogpartner. Der andere muss wissen, wo ich stehe und was meine Überzeugungen sind. Ich würde keinen Muslim ernst nehmen, der seinen Mohammed nicht für eine einzigartige Offenbarung Gottes hält. Und ebenso wird ein Muslim keinen Christen ernst nehmen, der nicht an Jesus glaubt als den Heiland der Welt. Im Gegenteil, der Moslem wird den suspekten Christen verachten, weil er ihn für einen Verräter seines Glaubens hält.

Mission aber verstößt gegen das Dogma des Relativismus, demzufolge es keine absolute Wahrheit gibt, sondern nur viele Teilwahrheiten, die gleichberechtigt nebeneinanderstehen. Aber der Relativismus relativiert sich selbst. Wenn der Satz stimmt, dass *alles* relativ ist, dann ist auch dieser Satz relativ. Dann haben absolute Überzeugungen ihre Existenzberechtigung. In der Zeit postmoderner Beliebigkeit ist das Festhalten an der Einzigartigkeit Jesu unverzichtbar. Aber das Bekenntnis zu ihm muss auch in seinem Geist geschehen. Er hat von sich gesagt, dass er freundlich und von Herzen demütig sei. Es bedarf einer liebevollen und verständnisreichen Kommunikation ohne Rechthaberei und Arroganz. Denn wie die großartige holländische Evangelistin Corrie ten Boom mit einem wunderbaren Bild sagt: »Wir sind nur Bettler, die anderen Bettlern sagen, wo es Brot gibt.« Wir sind das Evangelium vom Retter der Welt den Menschen schuldig – um Gottes willen und um der Menschen willen.

5. DAS ENDE EINER ILLUSION

Der Blick auf die USA

Kurz nach der deutschen Wiedervereinigung hielt der Thüringische Bischof *Roland Hofmann* vor den Pfarrern seiner Landeskirche ein Referat über die Herausforderungen der Zukunft. Der markanteste Satz: »Wir bekommen amerikanische Verhältnisse.« Dieses kluge Statement fasst zusammen, welche Entwicklungen auf uns zukommen. Die USA haben schon lange ein freies Religionssystem und als »Schmelztiegel der Nationen« eine denkbar bunt gemischte Bevölkerung. Das bedeutet, dass Prozesse, die dort schon lange laufen, auch bei uns wirksam werden. Die amerikanische Situation ist eine Vorwegnahme dessen, was auch auf uns zukommt. Insofern ist das Studium der religiösen Entwicklung Amerikas für uns äußerst lehrreich. Wir leben in einer zunehmend globalisierten Welt. Europa wird amerikanischer, diverser und südlicher im Sinne von afrikanischer, orientalischer und südamerikanischer. Immer mehr Menschen leben bei uns, die intensiv religiös geprägt sind und spirituell ticken. Das wird auch uns verändern und vor allem unsere Kirchen. In Europa haben wir ein Kirchensystem geerbt, das aus einer geschlossenen monarchisch geformten Gesellschaft kommt. In einer freiheitlichen und offenen Gesellschaft entwickelt sich die Religion nach dem Gesetz von Angebot und Nachfrage. In den Worten der Religionsökonomie: Es entsteht ein freier religiöser Markt. Für die beiden ehemaligen Monopolisten ist das eine völlig neue Situation, auf die sie gar nicht vorbereitet sind. Die katholische Kirche als globaler religiöser Player hat da schon bessere Karten als eine deutsche Landes- und Provinzkirche, zu der früher alle irgendwie gehörten. Die Volkskirche musste nicht missionieren und wusste meistens auch gar nicht, wie das geht. Auf einem freien religiösen Markt büßen die beiden Volkskirchen Schritt für Schritt ihre Monopolstellung ein und werden zu einem Player unter vielen anderen religiösen Playern. Das bedeutet, dass die beiden Großkirchen eine Kompetenz erwerben müssen, die sie nicht hatten und auch nicht brauchten. Sie stehen nun vor der Herausforderung, den Wechsel von geerbter zu gewählter Religion zu vollziehen. Kurz: Sie müssen missionarisch werden. Die Alternative wären Marginalisierung und Bedeutungslosigkeit. Daher ist es hilfreich, dorthin zu schauen, wo es schon länger einen freien religiösen Markt gibt, um dreierlei zu lernen: *Erstens*: Welche Kirchen wachsen in einer modernen freien Gesellschaft? Warum wachsen sie? Was haben sie für eine Theologie und Spiritualität? *Zweitens*: Welche Kirchen schrumpfen? Was ist ihre Theologie und Spiritualität? *Drittens*: Was können sie aus den Wachstums- und Schrumpfungsprozessen lernen? Wie können sie in die Gesellschaft aufbrechen, um ihre Mission zu erfüllen? Und welche Rolle könnte dabei ihre Geschichte und Identität spielen?

Der religionssoziologische Befund

Als der amerikanische Anwalt für Religionsfreiheit und Direktor des National Council of Churches *Dean M. Kelly* 1972 ein Buch herausgab mit dem Titel »Why Conservative Churches are Growing: A Study in Sociology of Religion« (Warum konservative Kirchen wachsen: Eine Studie zur Religionssoziologie) sorgte das für erhebliches Aufsehen. Im Jahr 1972 war der Rückgang der klassischen amerikanischen Kirchen für die Westdeutschen ein weit entferntes, typisch amerikanisches Problem, ungefähr so interessant wie das, was der Dackel vom Mond denkt. Die Kirchenkassen und die Mitgliederkarteien waren gut gefüllt. Kirchensteuer floss reichlich. Pfarrer genossen ein hohes Ansehen und ein ebensolches Gehalt. Die Welt war in Ordnung. Nicht im Osten, nicht in der DDR mit ihrem Atheismus als Staatsdoktrin. Aber wen interessierte das schon? Fünfzig Jahre später hat sich die Situation gründlich gewandelt. Wir bekommen amerikanische Verhältnisse mit einem freien religiösen Markt. Traditionelle, geerbte Religion geht den Bach runter. Die zwei großen religiösen Monopolisten befinden sich im Sinkflug. Die neue Situation erfordert missionarische Kompetenz und flexible unternehmerische Strukturen. Damit sind die beiden Volkskirchen total überfordert. Ihnen laufen die jungen Leute davon und nicht nur die. Im Osten des inzwischen größer gewordenen Landes haben die meisten überhaupt keinen Schimmer mehr vom christlichen Glauben. Statt Volkskirche Volksatheismus. Und im Westen ist die Volkskirche eine verblassende Erinnerung. Die Frage »Warum schrumpfen Kirchen?« ist angesagt. Aber die ist unbequem. Man macht lieber postmoderne Modeströmungen, demografischen Wandel usw. dafür verantwortlich. Der Niedergang indes hat Gründe, die vor allem bei uns selber liegen. Wenn Christen auf Abwege geraten, dann ist Umkehr das einzig Richtige und vor allem Heilvolle. Aber dazu mehr in den nächsten Kapiteln. Wir sind noch bei den Ursachen. Ein Blick in die Religionssoziologie könnte die Augen öffnen.

Wie weltweite religionssoziologische Studien über Wachstum und Schrumpfung von Kirchen belegen: Es besteht ein Zusammenhang zwischen liberaler westlicher Theologie und dem Niedergang von Gemeinden. Es sind fast ausschließlich liberale Kirchen, die teilweise dramatisch Mitglieder verlieren. Paradebeispiel ist der US-amerikanische Bischof der Episkopalkirche in New Jersey *John Shelby Spong*. In seiner 20-jährigen Amtszeit bis zum Jahr 2000 verlor seine Diözese über 40 Prozent seiner Mitglieder. Geleitet von dem ehrenwerten Anliegen, das Christentum für den modernen Menschen glaubwürdig zu machen, postulierte er eine tiefgreifende theologische Reform und warf all das über Bord, was er für anstößig hielt: den Glauben an einen persönlichen »theistischen« Gott, die jungfräuliche Geburt Jesu, seine Gottheit, das Kreuz als Versöhnungstat, die leibliche Auferstehung Jesu, die Lehre von der Erbsünde. Kein Wunder, dass seine Diözese sich zum Katastrophengebiet entwickelte.[20]

Die beiden Religionssoziologen *Rodney Stark* und *Roger Finke* legten zwei ausführliche Studien vor über die Entwicklung der Kirchen in den USA.[21] Dabei beschäftigten sie sich besonders mit den Gründen, warum einige Kirchen wachsen und andere schrumpfen. Besonders amerikanische Traditionskirchen, *Mainline Churches* genannt, wie Anglikaner, Lutheraner, Reformierte, Methodisten, Presbyterianer hatten gigantische Mitgliederverluste zu verzeichnen. Um nur ein paar Fakten zu nennen: In dem Zeitraum von 1940 bis 2000 verlor die Methodistenkirche 56 Prozent ihrer Mitglieder, die Episkopalkirche 51 Prozent und die Vereinigte Kirche Christi sogar 66 Prozent. Als Hauptgrund für den Niedergang geben Stark und Finke an, dass sich diese Kirchen in Theologie und Moral zu sehr an die Gesellschaft angepasst haben.[22] In der jüngeren Zeit hat sich der Abwärtstrend sogar weiter verschärft. 2012 beispielsweise schrumpfte die Evangelisch-Lutherische Kirche in Amerika in nur einem Jahr um 6 Prozent, die Presbyterianische Kirche um 3,5 Prozent, die Episkopalkirche um 2,7 Prozent und die Vereinigte Kirche Christi um 2 Prozent. Der Publizist *Ross Douthat* machte in der New York Times in dem viel diskutierten Artikel »Can Liberal Christianity Be Saved?« (Ist liberales Christentum noch zu retten?) die Liberalisierung in diesen Kirchen dafür verantwortlich. Sie seien in der Lehre »flexibel bis zur Selbstaufgabe, fast jeder Form sexueller Liberalisierung freundlich zugetan, bereit, das Christentum mit anderen Religionen zu vermischen, und versessen darauf, Theologie zugunsten säkularer politischer Anliegen herunterzuspielen.«[23] Das kommt mir als Pfarrer in der EKD alles ziemlich bekannt vor. Aber es geht hier nicht um die Frage von richtig oder falsch, sondern erst einmal darum, welche Gemeinden wachsen und warum. Und was sagt das eventuell aus über die Zukunftsfähigkeit der Kirchen in Europa. *Stark* und *Finke* untersuchten auch die Entwicklung der Römisch-Katholischen Kirche in den USA, die ihre Forschungsergebnisse bestätigte. Sie verglichen sogenannte progressive (liberale) Diözesen mit solchen, die von traditionellen (konservativen) Bischöfen geleitet wurden. Die Priesterberufungen in den konservativen Diözesen waren um ein Vielfaches höher als in den liberalen.[24]

Dean M. Kelleys Studie beginnt mit den Worten »In den späten 1960er Jahren ereignete sich etwas Bemerkenswertes in den Vereinigten Staaten: Zum ersten Mal in der Geschichte des Landes hörten die meisten Kirchen auf zu wachsen und begannen zu schrumpfen«.[25] Die von Kelley analysierten Gründe könnte man so zusammen fassen: Die sich im Niedergang befindenden Kirchen versagten darin, glaubwürdige Religion anzubieten. Sie sind zu angepasst an die säkulare Kultur, um den religiösen Bedürfnissen der Menschen zu begegnen. Kelley verneint die gängige These, dass die neuen gesellschaftlichen Prozesse in den späten 1960er Jahren wie Individualisierung und Relativierung aller Werte einen unumkehrbaren Säkularisierungsprozess einleiteten. Die Entwicklung, die sich damals schon abzeichnete, bekräftigt diese Überzeugung. Während die großen amerikanischen Traditionskirchen schrumpften, wuchsen neue protestantische Kirchen in solch einem Ausmaß, dass man von einer Säkularisierung in den USA nur sehr verhalten sprechen kann. Der Grund dafür ist schnell auszumachen. In den USA gab es nie eine Staatskirche bzw. Volkskirche. Es herrscht das, worauf wir in Europa gerade zugehen: ein freier religiöser Markt, wo eine Vielzahl von alten und neuen religiösen Playern frei in die Gesellschaft hineinwirken. Besonders neue protestantische Kirchen, die keiner der gängigen Denominationen angehören und die es vor 50 Jahren noch gar nicht gab, wachsen kontinuierlich. Etwa 12 Millionen Gläubige gehören inzwischen dazu.[26] Von Silicon Valley aus, der unfrommsten Gegend Amerikas, wo Hightech zu einer Art Ersatzreligion geworden ist, breitet sich eine neue Bewegung aus namens *Exponential*. Es sind zumeist junge Leute, hip, postmodern, innovativ: Sie mögen Joe Biden, sie haben keinerlei Berührungsängste mit Homosexualität, und sie sind fromm, glauben an die Bibel und vor allem daran, dass die Menschen Jesus brauchen. Sie gründen im Land und darüber hinaus neue Gemeinden wie Start-ups. Nach Deutschland und in andere Teile der Welt ist diese Bewegung bereits herübergeschwappt. Aber auch die klassischen Pfingstkirchen, die es erst seit rund einhundert Jahren gibt, haben kräftig zugelegt, allen voran die Pentecostal Assemblies of the World mit einem Wachstum seit 1940 allein in den USA von 2375 Prozent, gefolgt von den Assemblies of God mit 221 Prozent, während sich im gleichen Zeitraum die meisten Mainline Churches halbierten.[27] Der New Yorker Gemeindeaufbauexperte *Timothy Keller* spricht davon, dass in den USA mehr Menschen zu den evangelikalen Protestanten konvertieren als wegbleiben.[28]

Eine Illusion

Liberale Christen vereint eine Illusion: Sie glauben, dass moderne Zeiten eine moderne Religion erfordern: ohne abstruse Glaubensinhalte wie Wunder oder leibliche Auferstehung Jesu, ohne irrationale Lehren wie Erbsünde, Sühnetod Jesu und Gott im Essen (Eucharistie), ohne absurde und rational nicht begründbare Praktiken. Die Religion der Zukunft muss sanft und moderat sein, pluralistisch und nicht exklusiv, spirituell, aber nicht dogmatisch, den Menschen bestätigend, nicht hinterfragend, eine gefällige Religion, die sich an die Erwartungen der Gesellschaft anpasst und keine Forderungen an die Gläubigen stellt. *Dean M. Kelleys* Studie und auch andere religionssoziologischen Erhebungen kommen zu dem gegenteiligen Schluss, nämlich dass diese Form von Softreligion das sicherste Rezept für Erfolgslosigkeit ist. *Timothy Keller* fasst das treffend zusammen: »Diese liberale Art von Religion, die nur horizontal und nicht vertikal ausgerichtet ist, gefällt einem säkularen Publikum in Amerika sehr gut. Doch nach den Ergebnissen der Soziologen ist sie die Art von Glaube, die am schnellsten ausstirbt, während Richtungen, die auf Bekehrung beruhen, exponentielles Wachstum aufweisen.« Keller berichtet von der Begegnung mit einem Pfarrer, der vierzig Jahre in einer liberalen Großkirche gearbeitet hatte. In seinem Theologiestudium hatte er gelernt, dass nur eine moderne und moderate Form von Religion zukunftsfähig ist. Nun musste er erleben, dass die meisten Kollegen aus seiner liberalen Pfarrergeneration »in leeren Kirchen und vor schrumpfenden, alternden Gemeinden standen.« Keller zitiert den Pfarrer mit den Worten: »Ironischerweise können sie überhaupt nur noch ihren Betrieb aufrechterhalten, indem sie an wachsende, lebendige Gemeinden vermieten, in denen ausgerechnet all die Lehren vertreten werden, von denen uns gesagt wurde, dass sie bald obsolet seien.«[29] Dieses Statement hätte buchstäblich auch von etlichen meiner Berliner Pfarrkollegen stammen können. Es ist die Hoffnung vieler liberaler Christen, durch Anpassung besser in die Gesellschaft hinein wirken und mehr Kirchenferne für die Kirche gewinnen zu können. Das hat sich nirgendwo bestätigt. Zwar würde eine angepasste Kirche auf mehr Wohlgefallen in der Gesellschaft stoßen. Gleichzeitig aber würde sich die Kirche damit überflüssig machen, weil sie nur bestätigt, was eh geglaubt wird. Die Anpassung der Kirche an säkulare Ideologien und Kultur bewirkt die allmähliche Auflösung der Kirche.

Konservativ ist auch keine Lösung

Ich kenne genügend Gemeinden, die einfach nur konservativ sind in Lehre und Praxis. Sie haben mehr Ähnlichkeit mit einem Museum als mit einer lebendigen Kirche und sind nur interessant für Leute mit einem Faible für Kirchennostalgie. Diese Gemeinden sind verliebt in die Tradition und haben den Kontakt zu ihrer säkularen Umwelt verloren. Wenn sie im volkskirchlichen Modus arbeiten, abgesichert durch Kirchensteuer und festem Gehalt, beunruhigt sie die Fruchtlosigkeit ihres Tuns nicht besonders. Manche begründen diese noch mit dem Hinweis, dass die ernsthaften Christen eh immer nur eine kleine Herde sind. Konservativismus geht oft Hand in Hand mit einer Ignoranz gegenüber allem Neuen: moderne Medien und Kommunikationsmittel wie Internet, Facebook, Twitter, Hightech in der Kirche, Arbeit mit Multi-Media-Formaten. Sie leben in einer Blase, haben keine Ahnung, was die Menschen bewegt, lesen die Bücher nicht, die gerade diskutiert werden, verstehen die Kultur nicht, in der die Leute ihres Einzugsgebiets beheimatet sind, halten U2 für ein U-Boot und Instagram für eine Maßeinheit für Masse, haben die Filme nicht gesehen, welche die modernen Narrative erzählen um Gut und Böse, Liebe und Tod.

Sie leben in einer geordneten Welt, die es lange nicht mehr gibt. Sie verschließen sich modernen Themen wie Migration, Klimawandel, Gender. Sie haben keine Ahnung, dass es so etwas gibt wie eine neue Sehnsucht nach Schönheit, die sich ausdrückt in einer innovativen Ästhetik und Formsprache. Ich erlebe traditionelle Kirchen, die mangels Technik, kommunikativen und ästhetischem Knowhow oder einfach weil sie alles Neue abgelehnt haben, jetzt abgehängt sind.

6. DER MESSIAS UND DIE ROTFARBENE KÖNIGIN

Die Rotfarbene Königin autorisiert, wenn Jesus verkündigt wird

Die »Rotfarbene Königin«, so wird der Heilige Geist in dem christliche Kinderhörspiel »Strawinsky« genannt. Ich habe es öfters mit meinem Sohn gehört, als er noch klein war. Ich mag diese Bezeichnung. *Erstens* ist der Heilige Geist im Alten Testament bzw. in der hebräischen Sprache weiblich: die Ruach. *Zweitens* verleiht der Heilige Geist Kraft, aber er ist nicht einfach eine Kraft, auch keine Geistkraft, sondern er ist als Person der Dreieinigkeit *Personalität*. *Drittens* hat der Heilige Geist nach menschlicher Vorstellungskraft etwas weibliches: sie nährt die Kirche und den Einzelnen mit der inspirierenden, verändernden und Kraft schenkenden Gegenwart Gottes. *Viertens* ist die liturgische Farbe des Heiligen Geistes Rot. Denn der Geist Gottes entzündet die Herzen derer, die Gott begehren, mit Liebe und Leidenschaft für Jesus, für das Evangelium und für alle Menschen. Rot aber ist auch die Farbe des Blutes und daher auch die liturgische Farbe der christlichen Märtyrerfeste, denn der Heilige Geist macht auch Menschen dazu bereit, alles für Christus zu investieren bis hin zum eigenen Leben.

Leerstelle Pneumatologie

Einer beschädigten Christologie folgt logischerweise der Ausfall der Pneumatologie, der Lehre vom Heiligen Geist. Sie ist das Stiefkind der Theologie. Man kann eigentlich nicht viel mit ihr anfangen. Was zu Pfingsten, dem Fest der Ausgießung des Heiligen Geistes, vielerorts an Unfug gepredigt wird, ist schwer zu ertragen. Meistens hat man nicht viel mehr zu sagen als »der Geist weht, wo er will«. So als ob der Heilige Geist der Inbegriff der Launenhaftigkeit Gottes wäre. Das bereits erwähnte »moderne Glaubensbekenntnis« aus dem Gesangbuch der Evangelischen Kirche von Kurhessen-Waldeck ist auch da ein trauriges Beispiel. Im dritten Artikel heißt es: »Wir glauben an Gottes Geist, Weisheit von Gott, die wirkt, wo sie will.« *Erstens* ist der Heilige Geist nicht einfach, eine Weisheit von Gott, sondern die dritte Person der Dreieinigkeit. *Zweitens* weht der Geist nicht einfach, wo der will, sondern er *bindet sich* an das Wort Gottes, an den Glauben, an das Gebet des Glaubens, an Umkehr (Buße) und Beichte, an die Sakramente von Taufe und Abendmahl (bei Katholiken 5 mehr). Die Charismatiker würden noch die Anbetung (Worship, Lobpreis) dazu nehmen, der dort eine quasisakramentale Funktion hat. Dass der Geist weht, wo er will, ist ein Missverständnis von Johannes 3,8. Der Vergleichspunkt dort ist nicht die Unverfügbarkeit des Geistes, sondern das nicht vorhersagbare Handeln derer, die aus dem Geist geboren sind. Gott ist in seinem Wirken natürlich souverän und unverfügbar, aber die Heilige Schrift und die Erfahrung der Kirche weiß und erlebt, dass Gott handelt, weil seine Kinder zu ihm rufen, ihn anbeten, bitten und ihm vertrauen, ihre Sünde bekennen und hineintreten in den Bund mit ihrem Schöpfer und Erlöser.

Wo der Geist wehen will

Der Geist weht, wo Christus verkündigt wird
Von Anfang an war die Verkündigung der Kirche verknüpft mit der Erfahrung, dass der Heilige Geist wirkt, wenn Jesus verkündigt wird. Als Petrus auf göttliche Intervention hin etwas damals Unerhörtes tat, nämlich als Jude im Hause eines römischen Besatzungsoffiziers zu predigen, geschah folgendes: »Während Petrus noch diese Worte redete, fiel der Heilige Geist auf alle, die ihm zuhörten. Die jüdischen Christen, die Petrus begleiteten, waren entsetzt darüber, dass die Gabe des Heiligen Geistes auch über Nichtjuden ausgegossen wurde, denn sie hörten, dass sie in Zungen redeten und Gott hoch priesen« (Apostelgeschichte 10). Lukas, der Autor der Apostelgeschichte, hat – sicher nach gründlicher Recherche – den Inhalt der Petruspredigt zusammengefasst: eine, wie ich das nennen würde, steile christologische Ansage: Jesus, erfüllt mit der Kraft Gottes, heilte, wurde gekreuzigt, von Gott auferweckt, Richter der Lebenden und Toten, lange vorher von den Propheten angekündigt; alle, die an ihn glauben, empfangen Vergebung der Sünden. Petrus hat noch nicht zu Ende gesprochen, da kommt der Heilige Geist über die Zuhörer. Gott bestätigt die Verkündigung dieses Christus. Und das ist die Erfahrung der Menschen bis heute. Wo Jesus verkündigt wird als Sohn Gottes, als Gekreuzigter und Auferstandener, bei dem Vergebung der Sünden und ewiges Leben ist, da tritt der Heilige

Geist hinzu und bekräftigt die Predigt der Kirche. Die Auswirkungen dieser Geistesgegenwart können sich sogar bis in das Leibliche hinein manifestieren, so dass die Menschen in ihrem Körper eine Besserung verspüren, wie Unzählige immer wieder bezeugen. In der südlichen Hemisphäre spielt diese Dimension der Geisterfahrung eine große Rolle bei der Ausbreitung des Evangeliums. Im zweiten Markusschluss, der dem Evangelium ergänzend hinzugefügt wurde, heißt es, dass die Jünger loszogen und predigten. »Und der Herr wirkte mit ihnen und bekräftigte das Wort durch die mitfolgenden Zeichen« (Markus 16). Was aber ist, wenn das Wort nicht das Wort von Christus ist, sondern ein von philosophischen Moden, postmodernen Ideologien oder reduktiven erkenntnistheoretischen Voreinstellungen *verfälschter* Jesus, der mit dem Zeugnis der Bibel und der kirchlichen Tradition nicht mehr viel zu tun hat? Ganz einfach! Der Heilige Geist sagt: »Nicht mein Jesus! Da bleib ich zu Hause.« Es ist die Aufgabe des Heiligen Geistes, Jesus groß raus zu bringen.

Bei Luther folgt die Lehre über den Heiligen Geist aus der Christologie. Wenn Christus den Menschen verkündigt wird, so Luther, «kommt der Heilige Geist und erleuchtet sie und zündet sie an.« Denn, so der Reformator: »Der Geist ist um das Wort herum.« Das ist zweitausend Jahre lang die Erfahrung der Kirche. Wenn Christus als der Heiland der Welt verkündigt wird, tritt der Heilige Geist hinzu und wirkt die Zeichen der Gegenwart Gottes. Menschen kommen zum Glauben. Gottes Liebe berührt ihr Herz und erleuchtet ihren Geist. Andersherum heißt das aber auch: Wenn der Christus der Verkündigung nicht mehr der Christus der Bibel und der kirchlichen Bekenntnisses ist (vom Apostolischen Glaubensbekenntnis bis zum Bekenntnis von Barmen), dann sind die Folgen leere Kirchen, frustrierte Prediger, gelangweilte Menschen, keine Bekehrungen. Dann wird das ganze Christentum müde und farblos. Der Grund? Gottes Geist macht sich rar. Die »Rotfarbene Königin« mag diesen auf menschliches Begreifen und ideologische Modeströmungen reduzierten Christus nicht. Eine gewagte Aussage? Nun, sie befindet sich in Übereinstimmung mit Schrift, Bekenntnis und Erfahrung der Kirche, besonders auch heute durch das, was die Religionssoziologie über wachsende Gemeinden heraus fand: Offensichtlich legitimiert der Heilige Geist keine Verkündigung eines klein gemachten Christus.

Vor rund 500 Jahren wurde die wichtigste Evangelische Bekenntnisschrift verfasst, die *Augsburger Konfession*, die bis heute als wichtigstes Fundament des evangelischen Glaubens gilt. Besonders der Artikel 3 über die Christologie führt vor Augen, was der Glaube der Kirche ist, und wonach wir uns ausstrecken müssen, wenn uns eine Erneuerung unserer Kirchen und ihrer missionarischen Vollmacht am Herzen liegen. Darin heißt es:

> *»Ebenso wird gelehrt, dass Gott, der Sohn, Mensch geworden ist, geboren aus der reinen Jungfrau Maria, […] der wahrer Gott und wahrer Mensch ist […] gekreuzigt, gestorben und begraben, dass er ein Opfer nicht allein für die Erbsünde, sondern auch für alle anderen Sünden war und Gottes Zorn versöhnte, ebenso dass dieser Christus hinabgestiegen ist zur Hölle (Unterwelt), am dritten Tage wahrhaftig auferstanden ist von den Toten und aufgefahren ist in den Him-*

mel [...], dass dieser Herr Christus am Ende öffentlich kommen wird, zu richten die Lebenden und die Toten.«

Geist und Glaube

Es gibt einen Zusammenhang zwischen dem Wirken des Geistes und dem Glauben der Menschen. Als die Frau mit einer schweren Unterleibserkrankung spontan geheilt wird, weil sie das Gewand Jesu berührte, sprach er zu ihr »dein Glaube hat dich gesund gemacht« (Markus 5). Jesus ruft einen blinden Bettler zu sich. Der muss sich zuerst durch die Menge tasten und dann auch noch seine Bitte um Heilung vortragen. Jesu sagt ihm »Geh nur! Dein Glaube hat dich gerettet« (Markus10). Es gibt auch so etwas wie stellvertretenden Glauben, der das Wunder bewirkt. Als eine nichtjüdische Frau Jesus um die Heilung ihrer Tochter bittet, will er zunächst nicht. Doch als er hört, mit welchem Glauben diese Heidin zu ihm kommt, antwortet er: »dein Glaube ist groß. Dir geschehe, wie du willst« (Matthäus 15). Ein römischer Offizier kommt zu Jesus und bittet ihn um eine Fernheilung für seinen Sklaven. Jesus ruft verwundert »Solchen Glauben habe ich in Israel bei keinem gefunden« und gewährt ihm die Bitte (Matthäus 8). Ein Gelähmter wird auf seinem Bett zu Jesus getragen. Das Gedränge ist groß. Die vier Freunde kommen nicht zu Jesus durch. Sie steigen auf das Flachdach des Hauses, machen ein Loch in die Decke und lassen den Gelähmten runter, Jesus direkt vor die Nase. Als der ihren (gemeint sind die vier Freunde) Glauben sieht, heilt er den Kranken, so dass er zu Fuß nach Hause laufen kann (Markus 2). Der Heilige Geist ehrt den Glauben von Menschen. Umgekehrt verhindert der fehlende Glaube, dass Jesus wirken kann. In seiner Heimatstadt konnte er fast kein einziges Wunder tun »wegen ihres Unglaubens« (Matthäus 13). Was bedeutet es für die Gemeinschaft der Kirche, wenn der Unglaube das Wirken des Geistes blockiert? Und welche Konsequenz hat es, wenn ein Minimalglaube zum Normalglauben geworden ist?

Das Gebet des Glaubens

Im Glauben beten heißt, in der Erwartung beten, dass Gott handelt. »Bittet, so wird euch gegeben« sagt Jesus (Matthäus 7). Gebet bewegt Gott. Manipuliert Gebet den Schöpfer? Nein, es ist seine souveräne Entscheidung, aber Gott hat den Menschen berufen, sein Mitarbeiter zu sein. Darum hat sich der Heilige Geist auch gebunden an das Gebet. Wir sollen mit Vertrauen an Gottes Liebe und Macht zu ihm kommen. Jesus lehrt »Und alles, was ihr bittet im Gebet: wenn ihr Glauben habt, werdet ihr es empfangen« (Matthäus 21). In einem berührenden Gleichnis spricht Jesus darüber, dass Gott gern gibt. Jesus schließt mit den Worten »Wenn schon ihr, die ihr böse seid, euren Kindern gute Gaben gebt, wie viel mehr wird der Vater im Himmel den Heiligen Geist geben denen, die ihn bitten!« (Lukas 11) Als ich noch Pfarrer in der Jungen Kirche Berlin war, traf sich immer eine halbe Stunde vor Gottesdienstbeginn ein kleines Gebetsteam. In unsere Gottesdienste kamen auch immer Kirchenferne, die von unseren jungen Leuten mitgebracht wurden. Wir beteten deshalb, dass die Gäste, die fast immer keinen Schimmer vom Glauben hatten, irgendwie vom Heiligen Geist berührt werden. Ich fragte daher vor Beginn unserer Gebetsrunde oft: »Wofür habt ihr Glauben, was Gott heute Abend tun möchte? Sprich diese Hoffnung aus im Gebet!« Das taten wir dann gemeinsam und erlebten oft, dass das geschah, was wir glaubten. In meinem Buch »Die Welt ist nicht genug« berichte ich darüber, was manchmal eintrat.[30]

Der Heilige Geist und Umkehr

Der Heilige Geist führt zur Umkehr. Er bewirkt »eine Traurigkeit, die eine Umkehr hervorbringt, die zur Rettung führt und die man nie bereut« (2. Korinther 7). Denn dort, wo ein Mensch zu Gott umgekehrt ist und Vergebung erfahren hat, wird eine unglaubliche Freude frei. Es sind zahllose Erfahrungen des überfließenden Jubels, den ich in meinem Dienst bei Menschen erlebt habe, die zu Gott umgekehrt sind. Und es sind viele Freudentränen, die ich gesehen habe, wenn Gottes Geist ein Herz berührt. Einer meiner Lieblingsgospelsongs jubelt diese überschäumende Glückseligkeit heraus: »Oh happy day, when Jesus washed my sins away« (Was für ein glücklicher Tag, als Jesus mich von meinen Sünden reinwusch). Die stärkste Erfahrung der absolut beglückenden Gegenwart des Heiligen Geistes machen Menschen im Zusammenhang mit der *Beichte*, wenn sie ihre Sünden bekennen, und dann vom Priester die Worte der Absolution hören: »So spreche ich dich los von deinen Sünden. Im Namen des Vaters und des Sohnes und des Heiligen Geistes.« Diese Worte haben eine befreiende und neues Leben schenkende Kraft, weil einem Menschen das zugeeignet wird, was Jesus für ihn und alle Welt am Kreuz vollbracht hat. Oft ist die Frucht eine alle Grenzen sprengende Freude. Ich weiß, wovon ich schreibe, denn ich gehe selbst immer wieder katholisch beichten (die verstehen einfach mehr davon als die Evangelischen). Das schönste literarische Dokument über die heilsame Macht der persönlichen

Beichte stammt von Dietrich Bonhoeffer in seinem Buch »Nachfolge«. Fast wäre auch die Beichte in der Lutherischen Kirche ein Sakrament geworden. Auf dem Reformationsaltar von Lucas Cranach in Wittenberg sind Taufe, Abendmahl und Beichte als die drei evangelischen Sakramente dargestellt. Leider hat bei Luther die Beichte nicht die Stellung als vollgültiges Sakrament erhalten, obgleich er selbst regelmäßig beichten ging. Dass in den evangelischen Kirchen die Praxis der persönlichen Beichte fast vollständig verschwand, ist eine geistliche Katastrophe. Lediglich die Beichtstühle in der Mutterkirche der Reformation in Wittenberg und in anderen evangelischen Kirchen, dort wo sie nicht beseitigt wurden, erinnern noch daran, dass auch in den evangelischen Kirchen früher mal gebeichtet wurde. Eine missionarisch aufbrechende Kirche wird es in Zukunft besonders mit Menschen zu tun haben, die nicht aus einem behüteten bildungsbürgerlichen Hintergrund kommen. Die Wirklichkeit, die ich als Gemeindegründer erlebt habe, hat mich zur Entdeckung der persönlichen Beichte als Befreiungspraxis der Kirche geführt. Das Leben vieler Menschen ist fremdbestimmt von verschiedenen lebenszerstörenden Süchten wie Pornografie, Drogen, Alkohol, Spielsucht, Sexsucht. Andere sind tief verstrickt in Gewalt, Hass, Rechts- und Linksradikalismus, Diebstahl, Betrug, Okkultismus. Wie können sie frei werden von dem, was sie kaputt macht? Gute Ratschläge helfen wenig weiter. Die Beichte gibt die wunderbare Gelegenheit, einen Schlussstrich unter all dem zu ziehen, seine Lasten an das Kreuz Christi zu bringen und in der Kraft des Heiligen Geistes einen Neuanfang zu wagen. Viele haben die Erfahrung gemacht, dass sie durch die Beichte alte, zerstörerische Verhaltensmuster überwinden konnten. Oft war das ein längerer Prozess, in dem es auch Rückschläge gab. Manche haben die Beichte als einen Akt der Befreiung erlebt, denn »Beichte ist der stärkste Exorzismus« (Gabriele Amorth).

Der Heilige Geist und die Sakramente
Besonders die Missionstaufe ist mit der Erfahrung des Heiligen Geistes verknüpft. Das haben die Täuflinge nicht nur im Neuen Testament und in der frühen Kirche erlebt. Vor etlichen Jahren, als ich noch Pfarrer in Sonneberg/Thüringen war, erzählte mir mein Superintendent Arnd Bretschneider von einem Erlebnis auf einer Dienstreise in Tansania. Er war zu Gast bei der Lutherischen Kirche Tansanias, der Partnerkirche der Evangelisch-Lutherischen Kirche Thüringens. Er besuchte einen ehemaligen Pfarrer aus Sonneberg, der dort als Missionar arbeitete. Der nahm ihn mit zu einer Taufe. Über einhundert Menschen aus dem Volk der Massai wurden an diesem Sonntag getauft. Immer wieder geschah es, dass Täuflinge, bevor sie zum Taufwasser traten, total ausrasteten. Einige schrien, andere zuckten unkontrolliert. Die tansanischen Pfarrer hatten damit kein Problem. Sie kannten, was hier geschieht. Bei den Taufen sind im Allgemeinen Christen dabei, die für den Dienst des Exorzismus ausgebildet sind. Die beteten mit den sich windenden Täuflingen, bis diese frei waren und fröhlich zu ihrer Taufe schreiten konnten. Mein liberaler Superintendent war völlig überfordert von dem Erlebnis, passte es doch gar nicht in sein aufgeklärtes Weltbild. Der deutsche Missionar aus Sonneberg hatte eine Erklärung für seinen ehemaligen Chef: Die dämonischen Mächte, die sich dort plötzlich in dem

Leben der Täuflinge manifestieren, geraten in Panik im Angesicht der Taufe, weil dort der Heilige Geist wirkt und die Mächte weichen müssen. Spätestens seit dieser Geschichte von meinem Ex-Sup weiß ich, dass die Taufe ein Sakrament ist, in dem Gottes Geist an einem Menschen freimachend handelt. Auch im Heiligen Abendmahl handelt der Heilige Geist, wenn Christus in Wein und Brot heilschaffend zu uns kommt. Es gibt in der Kirchengeschichte viele Beispiele, wie Gottes Gegenwart im Heiligen Abendmahl Menschen berührt. Dies kann bis hin zu physischen Heilungserfahrungen gehen. In der jüngeren Zeit ist eine Mega-Gemeinde in Singapur unter Leitung von Pastor Joseph Prince dafür bekannt geworden.

Worhship – Geisterfahrung im Gewand von Sacro-Pop

Der Leiter des Forschungsinstituts Empirica *Tobias Faix* hat 2018 eine Studie zur Spiritualität von Jugendlichen herausgebracht mit dem Titel »Generation Lobpreis & die Zukunft der Kirche«. Lobpreis, englisch »Worship«, ist mehr als Musik. Der Begriff umfasst ein Lebens- und Glaubensgefühl. Und er steht für Gotteserfahrung. Gott wird angebetet zu meist modernen Liedern, mit Texten des Gotteslobes und der Hingabe an den dreieinigen Gott, im zeitgemäßen Sound einer Band, manchmal auch mit einem einzelnen Instrument. Die Musikindustrie hat das Label Sacro-Pop dafür gefunden. Lobpreis ist mehr als das Singen christlicher Lieder, und gleich gar kein »neues geistliches Lied«. Es geht um Anbetung. Im Lobpreis bringen Menschen ihr Leben vor Gott, preisen ihn für seine Liebe und Nähe. Manche knien sich hin, andere wiegen sich im Groove der Musik. Man kann verklärte Gesichter dabei beobachten. Manche Träne läuft über die Wange.

Viele junge Leute sagen, sie haben Gottes Gegenwart im Lobpreis erlebt. Vieles davon ist einfach nur menschliche Emotionalität wie bei einem guten Popkonzert. Aber weil Gott im Lobpreis seines Volkes gegenwärtig ist (Psalm 22), gibt es da auch echte Geisterfahrung. In Deutschland ist Lobpreis vor allem ein Phänomen der christlichen Jugendkultur. Worship ist eine globale Bewegung, die fast alle Kirchen erfasst hat von den Katholiken bis zu den Pfingstlern. Egal wo ich war, ob in Russland, Indien, den USA oder Kenia, überall kannte ich mindestens eins der modernen Anbetungslieder. Denn überall in der Welt haben junge Christen diese Musik, die global vermarktet wird, auf ihren Smartphones und Ipods. CDs sind out. Man lädt sich seine Lieblingsmusik aus dem Internet runter oder streamt von den entsprechenden Streaming-Plattformen.

Der Heilige Geist und Mission

Wie finden Menschen zum Glauben? Das wird die wichtigste Frage der Zukunft für eine Kirche sein, die nicht damit beschäftigt ist, ihren Rückzug zu organisieren. Dabei spielt der Heilige Geist eine enorm wichtige Rolle. Menschen bekehren sich nicht auf Grund unserer raffinierten Argumente, unserer klugen Theologie, sondern weil der Heilige Geist sie umwirbt, über ihnen brütet, damit sie Jesus, den Erlöser, erkennen. Während in der »Moderne« rationale Argumente auf dem Weg zum Glauben von großer Wichtigkeit waren, öffnen sich heute Menschen eher durch spirituelles Erleben für das Evangelium. Es gibt keine Methode, kein Rezept, welche den Zugang zur spirituellen Erfahrungen möglich machen. Die Grundlage aber ist eine von *reduktiver Überfremdung gereinigte Christologie* und eine Kirche, deren Leben geprägt und getragen ist vom Evangelium, vom Gebet des Glaubens, von Liebe zu den Menschen und Hingabe an die Mission Christi. Dort hat Gott das Kommen des Geistes verheißen. Gotteserfahrung ist meistens soziale Erfahrung. Menschen erleben das Wirken Gottes in Gemeinschaft mit anderen: bei missionarischen Events in der Nachbarschaft, bei sozialen Projekten im Namen Jesu, bei der Feier des Heiligen Abendmahles, in Gebetsnächten, im gottesdienstlichen Lobpreis, in der Feier der Osternacht, beim Segnen unter Handauflegung, beim gemeinsamen Gebet in Kleingruppen, bei der Aufführung eines Weihnachtsmusicals mit der besten aller Botschaften ...

Christologie und Kirche

Das Lebenszentrum des Christentums ist keine Lehre, auch keine Theologie, gleich gar keine Ideologie, *sondern eine Person: Jesus.* Wer ist Jesus Christus und was ist seine Sendung, das ist die alles entscheidende Frage. Das bedeutet: Die Christologie bestimmt, was unsere Mission, unser Auftrag ist. Und unsere Mission bestimmt, was die Berufung der Kirche ist als Ganzes (weltweit) und als Ortsgemeinde. Das ist zusammengefasst in dem Wort Ekklesiologie (Lehre von der Kirche, von ekklesia: Gemeinde bzw. Kirche).

Christologie ➔ Missiologie ➔ Ekklesiologie

Es gibt in der weltweiten Christenheit viele unterschiedliche christliche Bewegungen und Kirchen. Man kann sie daran unterscheiden, dass sie jeweils unterschiedliche Aspekte der Person Jesu und seiner Sendung betonen. Das wirkt sich aus auf den Auftrag der Kirche (Mission) und auf die Ausformung der Kirche und der Ortsgemeinde (Ekklesiologie). Man kann die ganze Kirchengeschichte und sämtliche Denominationen nach diesem Dreischritt durchdeklinieren, Christologie – Missiologie – Ekklesiologie: Was deren Christologie ist, das formt auch deren Mission und die formt das Erscheinungsbild von Kirche. Das aufzuzeigen, würde den Rahmen dieses Buches sprengen. Es genügt aber, wenn wir das Prinzip verstanden haben. Ich wähle dazu ein Beispiel:

Der *Pietismus* war eine geistliche Erneuerungsbewegung innerhalb des Protestantismus, die am Ende des 17. Jahrhundert ihren Anfang nahm und bis heute andauert. Der Pietismus entstand in einer Zeit, in der die evangelische Kirche weithin erstarrt war in toter Rechtgläubigkeit und kalter Kirchlichkeit, in der die Leute zwar zu ihr gehörten, aber Jesus nicht nachfolgten, keine Gewissheit des Heils und der Sündenvergebung kannten, kein heiligmäßiges Leben führten und ohne das in der Bibel offenbarte Gotteswort lebten. Jesus ist im Pietismus vor allem der Sünderheiland, der für die Sünde der Welt starb und sich durch seinen Tod eine heilige Gemeinde beruft von Menschen, die ihm dienen, sein Wort befolgen und die Menschen zur Bekehrung führen (Christologie). Die Mission verstand die pietistische Bewegung vor allem als Ruf zu einer persönlichen Bekehrung. Begabte Prediger zogen durch die Kirchengemeinden, hielten Stunden und Evangelisationsveranstaltungen, in denen sie die Menschen aufforderten, dem Heiland ihr Leben zu geben. Die Bekehrten sammelten sie in Kreisen, in sogenannten *collegia pietatis,* die sich in den Gemeinden und den Häusern trafen, miteinander die Bibel lasen und beteten und sich gegenseitig erbauten. Das Ziel war, dass sie als *ecclesiola in ecclesia* (Kirchlein in der Kirche), als Versammlung derer, die »mit Ernst Christen sein wollten« (Luther), die ganze Kirche durchdringen und möglichst viele zur Bekehrung führen sollten. Wir sehen als Schwerpunkt der Christologie Jesus den Sünderheiland. Die Mission bestand vor allem darin, Menschen zur Bekehrung zu führen und sie in geistlichen Gemeinschaften zu beheimaten (Ekklesiologie). Der Pietismus entfaltete auch eine reiche diakonische Tätigkeit, die den Weg der Menschen zu einer Bekehrung ebnen sollte.

Die Aussagen der *Christologie* über Jesus füllen ganze Bände und Bibliotheken. Wir wollen uns hier auf das Wichtigste und Grundsätzliche begrenzen: In Jesus kam Gott zu uns, er wurde Mensch, lebte und lehrte die Liebe und Vergebung Gottes. Mit ihm brach das Reich Gottes an. Er heilte die Kranken, befreite die Gebundenen von zerstörerischen Mächten und weckte zeichenhaft Tote auf. Er berief Menschen als seine Jünger. Sie sind der Gründungskern für die Gemeinschaft der Kirche. Aus Liebe zu uns ging Jesus ans Kreuz, um durch seinen Tod den Weg zu Gott für alle frei zu machen. Gott erweckte Jesus auf und bestätigte ihn damit als den verheißenen Messias. Er ist der erhöhte Herr und Sohn Gottes von Ewigkeit her. Er wird wiederkommen und die Welt vollenden. Ihm gehört auch das letzte Urteil über die Menschen.

Was bedeutet das für die *Missiologie*? Was ist die Aufgabe der Kirche? Was ist ihr Job? Das möchte ich in den

Fünf Kennzeichen von Mission (five marks of mission)[31] der Anglikanischen Kirche zusammenfassen. *Erstens* die gute Nachricht vom Reich Gottes verkündigen: Gottes Reich ist mit Jesus angebrochen. Die Kirche verkündigt in der Kraft des Heiligen Geistes die suchende Liebe Gottes, die Vergebung der Sünden und die Vollendung des Reiches Gottes in Ewigkeit und ruft zur Umkehr: Lasst euch versöhnen mit Gott. *Zweitens* neue Gläubige lehren, taufen, erbauen: Jesus sagt im Missionsbefehl »macht zu Jüngern«. Jünger sind Menschen, die Jesus berufen hat, die ihm nachfolgen und in seinem Namen leben. Jüngerschaft ist ein Multiplikationsprozess, Menschen zu Jüngern zu machen, sie in der Gotteslehre zu unterweisen, zu taufen und zu trainieren für den Dienst in der Welt. *Drittens* auf menschliche Not durch liebevollen Dienst antworten: Weil das Christusheil ganzheitlich ist, gehört auch die soziale Dimension zum Missionsauftrag. *Viertens* ungerechten Strukturen in der Gesellschaft durch Bemühungen um Veränderungen entgegenwirken. Es gehört zur Mission Christi, sich auch für Gerechtigkeit in der Welt eizusetzen. *Fünftens* die Integrität der Schöpfung achten und um die Bewahrung und Erneuerung des Lebens auf der Erde bemüht sein: Diese Aufgaben gehören zur Mission, weil in Jesus der Schöpfer zu uns gekommen ist. Die Berufung der Kirche zur Bewahrung der Schöpfung ist deshalb nicht nur schöpfungstheologisch begründet, sondern auch christologisch in den Totenauferweckungen durch Jesus, denn diese sind Schöpfungswunder.

Die Missiologie bestimmt die *Ekklesiologie*. Mission formt die Gemeinde vor Ort bzw. die Kirche als Ganzes. Jesus sagt: »Wie mich der Vater gesandt hat, so sende ich euch. Nehmt hin den Heiligen Geist!« Weil Jesus die Jünger sendet, wie Jesus vom Vater gesandt wurde, und sie mit dem Heiligen Geist bevollmächtigt, darum ist die Kirche Teil der Mission Gottes. Die Kirche hat nicht nur eine Mission, sie *ist* Gottes Mission in dieser Welt. Sie ist als Familie Gottes kein weltliches Unternehmen, keine Weltanschauung, keine Wellness- oder Wohlfahrtorganisation, nicht einmal ein religiöses Interessenbündnis. Sie ist eine Schöpfung Gottes, sein heiliges Instrument, den Menschen das Evangelium zu bringen in Wort und Tat. Darum ist christliche Gemeinde gleichzeitig Jünger- und Mitarbeitergemeinde, in der die Christen als Glieder am Leib Christi gemäß ihren Gaben und Berufungen mitarbeiten. Der Ruf zur Umkehr zu Gott bedeutet auch, dass Menschen sich senden lassen, gegen ungerechte Strukturen in der Welt und gegen die Zerstörung der Schöpfung aufzustehen. Mission und Evangelisation als Aktion der Kirche geschieht daher in drei Dimensionen. *Erstens*: Menschen lassen sich rufen in die Lebensgemeinschaft mit Jesus, ihm zu dienen und zu preisen mit ihrem Leben. *Zweitens*: Sie lassen sich von Jesus rufen zum Dienst in einer konkreten Sozialgestalt in dieser Welt. Das kann eine Ortsgemeinde sein, eine christliche Gemeinschaft, ein Werk (z. B. die Berliner Stadtmission) oder eine Hausgemeinde. Das umfasst z. B. die Mitarbeit in einem Glaubenskurs oder Leitung desselben, ehrenamtliche Küsterdienste, Hauskreisleitung, Chor, Lobpreisband, Gebetsteam usw. *Drittens*: Sich mit anderen für die Welt engagieren. Das kann sehr viel einschließen z.B. sich für Obdachlose engagieren, gegen Menschenhandel vorgehen, Partnerschaft mit einem Waisenhaus in Indien, sich für Menschenrechte einsetzen usw.

Zwei entscheidende Fragen

Zwei Fragen sind für die Zukunft der Kirche entscheidend:

Erstens: Welche Theologie und Spiritualität bestätigt der Heilige Geist und verheißt sein Kommen? Dabei haben wir als Voraussetzung eine von reduktiver Überfremdung gereinigte Christologie herausgestellt.

Zweitens: Welche Theologie und Spiritualität generieren das nötige *Commitment*, um die nötige soziale Dynamik für einen Aufbruch der Kirche zu bekommen? Ich habe das lateinisch-englische Wort »Commitment« gewählt, weil ich kein deutsches Wort gefunden habe, das geeignet ist, um die Fülle der Bedeutungen zum Ausdruck zu bringen. Commitment steht für entschiedene Christusnachfolge, leidenschaftliche Spiritualität, Engagement für Jesus, die Gemeinde und die Welt, für die Verpflichtung zur verbindlichen Mitarbeit, Opferbereitschaft (Geld, Zeit), Teilhabe am Verkündigungsauftrag der Kirche, Priestertum aller Gläubigen bzw. Laienapostolat. Die erste Frage haben wir versucht zu klären. Im nächsten Kapitel geht es um die zweite Frage.

7. COMMITMENT

Wenn Geld und Mitarbeiter fehlen

Schrumpfende und sterbende Gemeinden erkennt man daran, dass sie chronisch an Geldmangel leiden und dass ehrenamtliche Mitarbeiter knapp sind. Das hat unterschiedliche Gründe. Aber im Allgemeinen lassen sich alle Gründe auf eine Ursache zurückführen: Die Gemeinde hat ein Motivationsproblem. Die Leute sehen keinen Grund, sich zu engagieren, ihre Zeit zu investieren, Finanzmittel aus eigener Tasche zur Verfügung zu stellen. Man sagt sich, wir haben genug mit unserem eigenen Leben zu tun: Familie, Studium, Beruf, Kinder, Hobby, Freunde, Freizeit, Sport. Da bleibt für die Kirche nichts übrig. Nun gibt es aber Gemeinden mit einem Heer an Ehrenamtlichen: Mitarbeiter für den Kinderdienst, Musiker für die Lobpreisbands der Gemeinde, Kleingruppen, die abwechselnd nach dem wöchentlichen Gottesdienst für Kaffee und einen Imbiss sorgen, Gebetsgruppen, welche die Anliegen der Gemeinde vor Gott bringen, Jugendmitarbeiter, Leute im Besuchsdienst, ein Evangelisationsteam für Glaubenskurse und missionarische Events, ein Gospelchor ... Und die finanziellen Ressourcen sind auch nicht schlecht, weil viele Menschen die Gemeinde finanziell tragen. Einige haben sogar einen Dauerauftrag eingerichtet, mit dem der zehnte Teil von ihrem Gehalt an die Gemeinde geht. Ist das eine Fata Morgana, ein wirklichkeitsfremder Wunschtraum? Nein, die meisten Kirchengemeinden in dieser Welt arbeiten so. Denn fast nirgendwo gibt es so etwas wie eine Kirchensteuer. Auch hatten die zumeist jungen Kirchen nicht die Chance, über die Jahrhunderte Immobilien in den besten Lagen der Stadt und große Ländereien, die sie verpachten, anzuhäufen. Ich habe solche Gemeinden besucht: in Kenia/Afrika, in Indien, auf Kuba, in den USA, in Russland, in Australien, in Bulgarien, in Großbritannien und in Deutschland. Ich selbst habe so eine Gemeinde gegründet und jahrelang geleitet. Die Frage, die mich bei meinen Besuchen umtreibt: Was sind die Gründe für dieses Engagement? Was motiviert die Leute zu diesem hohen Commitment, zu dieser Hingabe an Zeit, Geld, Kreativität? Was bestimmt ihren Glauben? Was ist ihre Theologie? Wie ticken sie spirituell?

Viele Gemeinden in Deutschland laufen einigermaßen, weil sie durch Kirchensteuer, Ländereien und die Staatsverträge über finanzielle Ressourcen verfügen, mit denen sie Mitarbeiter bezahlen können: Kantor, Gemeindepädagogin, Hausmeister, Sekretärin, Küster. Das Pfarrergehalt geht aus dem Topf der Landeskirche oder des Kirchenkreises. Aber hat dieses System Zukunft? Man kann nicht davon ausgehen, dass es in Zukunft möglich sein wird, nur mit der Kirchensteuer den Gemeindebetrieb zu finanzieren. Die Prognosen sagen, dass sich die Finanzkraft der beiden Großkirchen in den nächsten 40 Jahren mindestens halbieren wird. Die Gemeinden werden in Zukunft wesentlich weniger Geld zur Verfügung haben, um ihren Mitarbeiterstab zu finanzieren. Das volkskirchliche Modell hat eine Alimentierungs-Mentalität geschaffen: »Die Kirche soll das bezahlen, wozu zahle ich Kirchensteuer?« In der Kirche der Zukunft wird man nicht nur den Glauben frei wählen. Die Menschen werden sich auch frei entscheiden, wofür sie ihre Finanzen investieren. Sie wollen wählen, welche Gemeinde und welche Projekte sie unterstützen. Es gibt mehr Menschen als man denkt, die einen Kirchenaustritt erwägen und vollziehen, weil sie es völlig daneben finden, dass sie nicht darüber entscheiden können, wohin ihr Geld fließt. Oft sind sie mit der Kirche und dem Glauben verbunden. Ein guter Bekannter, Wirtschaftsprofessor und Vorstandsvorsitzender, vollzog vor einem Jahr seinen Kirchenaustritt, obwohl er evangelischer Christ ist. Auf meine kritische Nachfrage sagte er: »Soll ich dir mal meine Spendenbescheinigungen zeigen, wieviel Geld ich in christliche Projekte stecke? Ich will keine Projekte der Kirche mitfinanzieren, die ich ablehne. Ich habe diese Entmündigung satt.« In Zukunft müssen die Großkirchen ihre Mitglieder entscheiden lassen, wohin ihre Finanzen fließen. In der Staatskirche Englands ist das lange Usus. Dass die Geldgeber festlegen, wohin ihre Zahlungen gehen, verhindert auch die Finanzierung von Projekten, welche zwar die kirchlichen Eliten realisieren wollen, die aber von der Gemeindebasis nicht gewünscht sind. Das schafft, so meine Überzeugung, eine natürliche Auslese dessen, wofür die Menschen bereit sind, zu investieren und wozu nicht. Wer wählen kann, wohin sein Geld geht, wird sich auch stärker mit dem identifizieren, was er mitträgt. Und der wird fleißiger spenden.

Die Krisenstrategie der Kirchenleitungen erschöpft sich im Wesentlichen darin, den Kirchenbetrieb auf den jeweils finanzierbaren Level herunterzufahren. Gemeinden und Kirchenkreise werden zusammengelegt und Mitarbeiterstellen gestrichen. Ganze Arbeitsbereiche werden aufgegeben. Aber was ist mit dem Auftrag der Kirche? Entspricht es dem Wesen der Kirche Jesu, den geordneten Rückzug anzutreten? Ich war vor einiger Zeit eingeladen, um vor jungen sächsischen Pfarrern, die sich im ersten Jahr ihres Dienstes befinden, über die neuen Entwicklungen und deren Chancen zu sprechen. In der anschließenden Diskussion hörte ich immer wieder das Statement: »Wir sind nicht angetreten, um den Rückbau der Kirche zu organisieren.« Ich musste den hochmotivierten jungen Geistlichen nicht sagen, dass das System Volkskirche ein Auslaufmodell ist. Sie wissen und erleben es. Die Frage, die sie bewegt, lautet: Wie können wir aufbrechen in der Kraft des Evangeliums, um Gemeinde Jesu zu bauen? Was könnte funktionieren? An welchen Stellen ist es sinnvoll, seine Kraft und Kreativität zu investieren? Und was sollen wir lassen, weil es nichts bewirkt?

Die Schlüsselfrage heißt: Wie können wir Menschen bewegen, ihr Leben zu investieren für die Mission Jesu? Was entzündet ihre Leidenschaft? Welche Spiritualität und Theologie generiert die nötige Dynamik für einen Aufbruch des Glaubens hin in eine säkulare Welt? Denn die Zukunft der Kirche wird sich am Grad des Commitments der Christen entscheiden, an ihrer konsequenten Christusnachfolge, an ihrem Engagement für die Menschen, an ihrer Bereitschaft, ihr Leben zu investieren mit Begabungen, Zeit und Geld.

Was für eine Verschwendung!

Jesus ist eingeladen. Mit seinen Gastgebern und den Jüngern sitzt er beim Abendessen. Plötzlich geht die Tür auf. Eine Frau stürmt herein. In den Händen hält sie ein Parfumflakon mit reinem, kostbarem Nardenöl. Sie tritt zu Jesus, öffnet die Flasche und gießt den Inhalt über sein Haupt. Eine herrliche Duftwolke schwebt durch den Raum. Einige Gäste regen sich auf: »Das ist die reinste Verschwendung! Dieses Öl ist mindestens 300 Silberstücke wert, ein Jahreslohn, also 35.000 Euro. Man hätte es lieber verkaufen und den Armen geben sollen.« Sie machen der Frau heftige Vorwürfe. Da sagt Jesus zu ihnen: »Lasst sie in Ruhe! Warum macht ihr die Frau fertig? Sie hat etwas Gutes für mich getan. Arme wird es immer geben. Ihnen könnt ihr helfen, sooft ihr wollt. Ich dagegen bin nicht mehr lange bei euch. Diese Frau hat getan, was sie konnte: Mit diesem Salböl hat sie meinen Leib für mein Begräbnis vorbereitet. Ich versichere euch: Überall in der Welt, wo man Gottes rettende Botschaft verkündigt, wird man auch von dieser Frau sprechen und von dem, was sie getan hat.«.

Was für eine herrliche Geschichte über Liebe, die alles gibt (Markus 14). Eigentlich ist es völlig verrückt, was die Frau macht. Aber Jesus ist es wert. Die Männer sehen den Preis des Salböls, das hier in eine Duftwolke aufgelöst wird und sind stocksauer. Was für eine Verschwendung! 35.000 Euro nur damit der Herr Jesus ein bisschen duftet! Was für eine unglaubliche Verschwendung! Aber haben sie nicht recht? Es gab zur Zeit Jesu kein Sozialsystem. Arme waren auf Barmherzigkeit angewiesen. Die Heilige Schrift fordert uns auf, den Armen zu helfen. Und

Jesus hat ein Herz für die Armen. Und was tut er in der Geschichte? Statt diese Frau von der verschwenderischen Aktion abzuhalten oder wenigstens zu tadeln, nimmt er sie in Schutz. Mehr noch! Er lobt ihr Tun und sagt, dass diese Begebenheit so bekannt und berühmt wird, dass man sie erzählt, wo und wann immer das Evangelium verkündigt wird. Also auch hier und heute. Was treibt die Frau an? Was vermag solche großen Dinge zu tun? Es ist die Liebe, *verschwenderische Jesusliebe*! Liebe, die alles gibt. Warum? Weil Jesus es wert ist. Die Frau hat in ihrem Herzen mehr begriffen als die ganze Männergesellschaft des Abends zusammen. Sie weiß, wer Jesus ist. Der Sohn Gottes, der in wenigen Tagen alles geben wird, wenn er den bitteren Tod am Kreuz auf sich nimmt, um die Menschheit zu erlösen. Darum: Für Jesus ist das Beste gerade gut genug.

Als *Dietrich Bonhoeffer* seiner Familie eröffnet, dass er Theologie studieren will, um Pfarrer zu werden, gab es eine Reaktion: Was für eine Verschwendung! »Junge, du bist so unglaublich begabt, warst der Klügste deines Abiturjahrgangs. Du kannst ein berühmter, hochgeachteter Wissenschaftler werden. Verschwende doch nicht dein Leben!« Aber für Jesus ist das Beste gerade gut genug.

Ich sitze im ICE in so einem Sechser-Abteil. Ein Platz ist noch frei. Die Abteiltür geht auf. Eine junge Nonne im schwarzen Habit kommt herein. »Ist hier frei?« fragt sie mit Akzent. Offensichtlich eine Südländerin, vielleicht Inderin. Sie ist atemberaubend schön, schwarzes Haar, feurige dunkle Augen, volle Lippen, weiße Zähne, eine Figur wie eine Rennjacht (das konnte man ahnen trotz Nonnenkleid). Ich beobachtete die Männer im Abteil. Und in meiner Fantasie sehe ich über jeden Kopf eine Sprechblase wie im Comic »Was für eine Verschwendung!« Ich denke: »Herr, hättest du dir nicht eine Hässliche auswählen können mit schiefen Zähnen und einer dicken Brille? Was für eine Verschwendung!« Dann schämte ich mich für meine dummen Männergedanken. Nein, für Jesus ist das Beste gerade gut genug! Er ist es wert. Eine Nonne ist schließlich eine Braut Christi. Für diesen Bräutigam ist das Beste gerade gut genug.

Ich denke an die 21 Märtyrer, koptische Christen, Wanderarbeiter in Lybien, die von Islamisten des IS entführt und im Februar 2015 am Strand des Mittelmeeres geköpft wurden. Bevor man ihnen die Kehle durchschnitt, sprach einer laut »Jarab Jesoa« (Jesus ist Herr). Man kann es hören in dem Video, das die Mörder kurz darauf ins Internet stellten. Alle 21 hätten ihr Leben retten können. Sie hätten nur Jesus abschwören und den Islam annehmen müssen. Aber sie haben es nicht getan. Sie gingen lieber in den Tod. Was für eine Verschwendung! Warum? Weil Jesus es wert ist. Für ihn ist das Beste gerade gut genug. In dem Fall der einundzwanzig Märtyrer war es ihr Leben. Das Kostbarste, was ein Mensch hat. Der Schriftsteller *Martin Mosebach* hat den koptischen Glaubenszeugen in seinem Buch »Die 21« ein Denkmal gesetzt. Er besuchte die Angehörigen der Opfer in Ägypten. Er fand heraus, dass einer der Wächter Christ geworden war. Die Standhaftigkeit der Gefangenen, ihre Einmütigkeit, ihr Glauben und ihr Beten haben ihn tief beeindruckt und schließlich überzeugt.[32]

Die Faszination Christi

Jesus ist die faszinierendste Person, die je gelebt hat. Über keinen anderen Menschen sind so viele Bücher geschrieben worden wie über ihn. Es gibt unzählige Lieder, die seine Taten besingen. Von ihm handeln herrliche Oratorien. Die schönsten Gebäude wurden zu seinen Ehren errichtet. Während ich diese Zeilen schreibe, wird Er rund um den Globus gepriesen für das, was durch ihn in diese Welt kam. Seit zweitausend Jahren gibt es unzählige Menschen, die bezeugen, dass Jesus das Beste ist, das ihnen je passiert ist. Noch mehr, dass Er das Beste ist, das diesem Planeten je passiert ist, obgleich er nur drei Jahre wirkte und als Verbrecher schmachvoll hingerichtet wurde. Seine geheimnisvolle Geburt, seine Lehre, seine Selbsthingabe am Kreuz, seine Auferstehung fasziniert und inspiriert bis heute Millionen Menschen, so dass sie ihr Leben mit allen Begabungen und Kräften Ihm weihen.

Sein Tod – unser Leben!

Nirgendwo sonst entzündet sich die Liebe zu Jesus und die Leidenschaft für das Evangelium so enthusiastisch und nachhaltig wie vor dem Kreuz Christi. *Nikolaus Ludwig Graf Zinzendorf* war noch ein junger Mann als er in Frankfurt in einer Galerie vor einem Gemälde verweilte, das die Kreuzigung Christi darstellt. Unter dem Gemälde stand in Latein: »Das tat ich für dich. Was tust du für mich?« Diese Frage im Angesicht des Gekreuzigten traf ihn wie ein Blitz aus dem Herzen Gottes und krempelte sein Leben um. Der Reichsgraf wurde der wahrscheinlich bedeutendste deutsche Missionar. Er gründete die Herrnhuter Brüdergemeine und initiierte eine Bewegung, die um die Welt ging. Unzählige Menschen zogen aus, inspiriert von Zinzendorf und der Liebe Gottes, die ihren tiefsten Ausdruck findet »im Blut des Lammes«, um den Menschen Christus zu bringen. Zu seinen besten Zeiten hatte Herrnhut mehr Missionare draußen in der Welt als Einwohner im Ort. Der Eifer für Jesus ging sogar so weit, dass sich einige Missionare selbst in die Sklaverei verkauften, um auf den Plantagen in der Karibik das Evangelium verkündigen zu können. Zinzendorf hat aus Liebe zu Christus und Dankbarkeit für das Kreuz hunderte von Gedichten verfasst. Einige davon schafften es in die Gesangbücher.

Vor einem Jahr war ich in Assisi. In der Kirche San Damiano kniete ich vor dem Kreuz, vor dem schon *Franz von Assisi* 1206 betete. Es hing zu seiner Zeit bereits ein paar hundert Jahre über dem Altar. Von diesem Kreuz sprach Jesus zum Kaufmannssohn: »Franziskus, geh und baue mein Haus wieder auf, das, wie du siehst, ganz und gar in Verfall gerät!«. Bruder Franz empfing seine Berufung. Fasziniert von der grenzenlosen Liebe Gottes, die uns begegnet im Leiden Christi *für uns*, zog er los, gründete einen Orden und eine Bewegung und wurde zum Erneuerer der in Weltlichkeit kraftlos gewordenen Kirche seiner Zeit.

Ich bin jedes Mal tief berührt, wenn ich die Geschichten vom Leiden des Gottessohnes lese. Als der Hohepriester in der Gerichtsverhandlung vor dem Hohen Rat Jesus fragt: »Bist Du der Christus, der Sohn Gottes?«, da möchte ich Jesus zurufen: »Nein, sag es nicht! Sag irgendwas anderes. Die wollen dich töten. Die Frage ist eine Falle!« Aber Jesus antwortet: »Ich bin es.« Dann fällt das Todesurteil. Sehend ging er in sein Sterben. Er sagte »es muss so geschehen.« Warum? Es gibt viele Begründungen in der Bibel und viele Theorien. Wichtig ist die zentrale Aussage: Sein Tod versöhnt mit Gott und gibt die Möglichkeit zu einem Neubeginn. Sein Tod ist kein Scheitern, gleich gar kein Menschenopfer, sondern die Selbsthingabe *Gottes* zur Erlösung der Welt.

Was aber sind die Früchte einer reduktiven Theologie, die im Sterben Jesu lediglich ein Symbol für alles Leiden in der Welt erblickt? Das Heilsgeschehen verliert seinen Grund und der christliche Glaube verkommt zu einer kraftlosen Theorie, die keinerlei Begeisterung, Liebe und Hingabe zu generieren vermag. Ein Christentum ohne Jesus, der stellvertretend für uns starb, verarmt zu einem kümmerlichen menschlichen Humanismus. Ein Jesus, der nicht der zu uns gekommene Gott ist, der für uns stirbt, wird niemals die Hingabe der Menschen bewirken, die es braucht, um der Welt das Evangelium zu bezeugen. Christentum ohne den gekreuzigten Gott ist tot. Ergo kein Commitment.

Es gibt endlos viele Geschichten und Zeugnisse von Menschen, deren Glaube und Gottesliebe durch das Sterben Jesu entfacht wurde und deren Leben der Hingabe an Gott und Menschen gegründet ist in der Selbsthingabe Jesu am Kreuz. Glaube ist nicht das Fürwahrhalten von religiösen Theorien, sondern das Ergreifen dessen, was Jesus für uns getan hat. Und zwar am Kreuz! Wenn wir sein Sterben dankbar annehmen als einen Erlösungsakt für uns, dann entfaltet das Kreuz seine befreienden Kraftwirkungen in unserem Leben: Lösung von den Lasten der Vergangenheit und Freisetzung zur Berufung, Gott zu dienen in dieser Welt. Im Kreuz hat sich Gott selbst hingegeben, das Böse gerichtet, damit der Mensch frei ausgeht. Daher wird Gott in der Verkündigung dieses Kreuzes, das für uns geschah, aktiv und kraftwirkend tätig. Bei Paulus, in seiner Verkündigung, die begleitet war von der »Kraft, die Zeichen und Wunder bewirkte« (Römer 15), war das Kreuz die Mitte seiner Verkündigung. »Denn die Juden wollen Wunder sehen, und die Griechen suchen nach Weisheit, wir aber verkündigen Christus, den Gekreuzigten. Für die Juden eine Gotteslästerung und für die anderen Völker völliger Unsinn« (1. Korinther 1).

Welt auf den Kopf gestellt

Jemand schrieb mir in einer E-Mail: »Ich glaube nicht an den Gott, der in der Bibel steht«. Ich dachte mir, an welchen Gott glaubt er dann? Woher wissen wir denn, wer Gott ist, dass er die Menschen liebt, dass er ihnen Gebote gibt, einander zu lieben, zu vergeben, Gutes zu tun, dem Schöpfer zu vertrauen, dass er Leben für sie hat ohne Verfallsdatum? Es könnte doch schließlich sein, wie Richard Dawkins meint, dass Gott ein Verbrecher ist, ein launischer Despot, der die Menschen hasst. Gott hat sich zunächst dem Volk Israel vorgestellt als Befreier aus der Sklaverei. Dann kam Jesus und lehrte und lebte Gottes Liebe bis zur letzten Konsequenz. Er heilte die Kranken, ehrte Frauen, spielte mit Kindern, sprach den Sündern die Vergebung zu, lehrte die Suchenden den Weg zu Gott, aß mit den Sündern, trieb sich auf Partys herum und erzählte Geschichten von Gottes suchender Liebe. Sogar Tote hat er auferweckt. Er verlangte Unmögliches von seinen Zuhörern: Gott über alles zu lieben und die Mitmenschen wie sich selbst, sich niemals Sorgen zu machen, allezeit zu vergeben, mit kindlichem Vertrauen zu Gott zu kommen, in allen Dingen auf Gott zu vertrauen, sein Herz nicht an Besitz zu hängen, sich nicht um die Zukunft zu sorgen, die Feinde zu lieben, Gott über alle Dinge zu stellen, die Zehn Gebote zu halten. Er stellte die Welt auf den Kopf: Vergeben, statt heimzahlen, Lieben statt Hassen, Niedrigkeit statt Hochmut, Recht geben, statt Recht haben. Die Leute waren fasziniert und geschockt. Die Theologen haben sich geärgert und beschlossen seinen Tod.

Über Zweitausend Jahre verändert Jesus nun das Leben von Menschen. Sie finden heraus aus Sinnlosigkeit, Schuld und Verzweiflung, packen ihr neu gefundenes Leben an und stellen es radikal in den Dienst Gottes. Bis heute fordern seine Worte heraus, alles für das Reich Gottes einzusetzen.

Welche Auswirkungen hat eine reduktive Theologie, welche die Botschaft Jesu demontiert durch fragwürdige Einwände, was Jesus alles nicht gesagt und getan haben kann, weil es nicht in die begrenzte Weltsicht eines Schreibtischgelehrten passt?

Die Faszination seiner geheimnisvollen Geburt

Die Weihnachtsgeschichte, erzählt von Matthäus und Lukas, wärmt die Volksseele wie keine andere Begebenheit um das Leben Jesu. Nirgendwo sonst hat die christliche Botschaft die Volksfrömmigkeit so tief geprägt und fasziniert wie die geheimnisvolle Geburt Jesu durch ein jüdisches Mädchen. Jedes Jahr wird in tausenden Kirchen bei uns und auf der ganzen Welt die Geschichte nachgespielt: von Jesus in der Krippe, von Joseph, dem treuen Ziehvater, von den anbetenden Hirten, von den Astrologen aus dem Morgenland, von der hastigen Flucht der heiligen Familie nach Ägypten, weil der König dem Kind nach dem Leben trachtet. Die Faszination des Weihnachtswunders, dass Gott durch dieses Kind, zu uns kommt, hat unzählige Menschen inspiriert und begeistert, ihr Leben in den Dienst Jesu zu stellen. Denn das Gotteskind ist auch der zukünftig Gekreuzigte und Auferstandene. Wer ihn von Herzen erkennt, wer er wirklich ist, wird von Herzen eins begehren: ihm zu gefallen und für ihn zu leben. Zwei Beispiele für die Faszination, die ausgeht vom Wunder der Heiligen Nacht, möchte ich anführen:

Hans Urs von Balthasar, einer der klügsten und faszinierendsten katholischen Theologen des 20. Jahrhunderts, verliert die Contenance in Anbetracht des Weihnachtswunders und gerät in eine Ekstase des Nichtbegreifens. Er schreibt in dem Buch *Betrachtendes Gebet*: »Wer dem bis zu den Wurzeln unseres Seins hinabbebenden Schauder vor dem Wesen Gottes und nicht bloß vor den Geheimnissen des Daseins und den Tiefen der Welt nicht kennt, wäre nicht vorbereitet zur Betrachtung Jesu Christi. Dass in einer menschlichen Existenz Gottes absolutes Wesen sich darzustellen beschlossen habe und diesen Beschluss auch wirksam durchzuführen in der Lage sei, dies muss dem Betrachter der Existenz Jesu täglich neu und tiefer wie etwas Unmögliches, absolut Haarsträubendes befremden. Er muss darüber aus der Fassung geraten, jeden Boden unter den Füßen verlieren, er muss wenigstens in jene Ekstase des Nichtbegreifens geraten, in die die Zeitgenossen Jesu hineingerissen wurden.«[33] Hier überschlagen sich die Worte des Theologen und er flippt aus, wenn er darüber meditiert, was da geschah: Der ewige, unsichtbare, uns unendlich überlegene heilige Gott, der dieses Universum vor 13,8 Milliarden Jahren von einem einzigen Punkt mit einer gigantischen Explosion startete (Ur-Knall), der Schöpfer dieses unermesslich großen Universums mit einer Billion Galaxien und einer Ausdehnung von mindestens 200 Milliarden Lichtjahren, kommt zu uns, wird ein Kind, ein Mensch wie wir, damit wir Gottes Freunde werden? Das geschah wirklich in der Heiligen Nacht? Der Theologe rastet aus und ich mit ihm. Er sagt (so würde ich es ausdrücken): Ich check zwar nicht, was da geschah, aber das bringt mich in eine Ekstase der grenzenlosen Freude und des Nichtverstehens.

Mein zweites Beispiel der Faszination über das Weihnachtswunder ist einer der größten deutschen Dichter: *Paul Gerhardt.* In einem Gedicht steht er innerlich vor der Weihnachtskrippe mit dem göttlichen Baby:

Ich sehe dich mit Freuden an
und kann mich nicht satt sehen;
und weil ich nun nichts weiter kann,
bleib ich anbetend stehen.
O dass mein Sinn ein Abgrund wär
und meine Seel ein weites Meer,
dass ich dich möchte fassen!

In Anbetracht des Gottessohnes in der Krippe gibt es nur eine angemessene Reaktion: Anbetung und die Hingabe des Menschen an den Willen Gottes, ihm ganz zu gehören und zu dienen. Gottes Wunder versteht man nicht. Man betet sie an.

Paul Gerhardt dichtet im selben Lied:

Ich komme, bring und schenke dir,
was du mir hast gegeben.
Nimm hin, es ist mein Geist und Sinn,

Herz, Seel und Mut, nimm alles hin
und lass dir's wohlgefallen.

Mit den Worten dieses Buches: Das Weihnachtswunder generiert Commitment, gebiert die Bereitschaft und die Begeisterung, sich für Jesus zu engagieren mit allen Gaben und Kräften. Die liberal-reduktive Theologie hat die Weihnachtsgeschichte in das Reich der Sagen und Legenden verwiesen und damit die Volksfrömmigkeit beschädigt und die Verkündigung der Kirche sabotiert.

Fazit: Die liberal-reduktive Theologie ist ein Commitment-Killer erster Güte. Eine Kirche mit einer beschädigten Christologie vermag nicht das Commitment zu generieren, das für einen missionarischen Aufbruch des Glaubens notwendig ist.

8. AUFSTEHEN UND UMKEHREN

Eine Diagnose, aber keine Therapie

Wir stehen auf der Schwelle in eine neue Ära der Kirche. Die Volkskirche, wie wir sie aus der Vergangenheit kennen, gibt es bald nicht mehr. Sie wird sich verändern, denn eine sich wandelnde Gesellschaft erfordert eine sich wandelnde Kirche. Der bisherige Kurs, die Zukunftsfähigkeit der Kirche durch gesellschaftliche Anpassung zu sichern, ist zum Scheitern verurteilt. Es ist der Kirche noch nie gut bekommen, wenn sie weltförmiger geworden ist. Aber immer dort, wo sie sich in ihrer Geschichte neu ausrichtete an Jesus Christus und den Auftrag, den er ihr gegeben hat, empfing sie eine neue Lebendigkeit. Immer wenn das Evangelium verdunkelt war, weil die Kirche mit sich selbst oder mit der Welt beschäftigt war, entzündete Gott das Licht der Leidenschaft für die suchende und rettende Liebe Christi in den Herzen von Männern und Frauen, so dass das Evangelium wieder hell strahlen konnte. Ohne die Rückbindung an Christus und sein Wort gäbe es die Kirche nicht mehr.

Und da wird ein gewaltiges Problem vor allem für den deutschen Protestantismus offenbar: Wie soll die Rückbindung an Christus und sein Wort mit einer beschädigten Christologie möglich sein? In der Kirche ist nämlich durch das reduktive Denkraster liberaler Theologie überhaupt nicht klar, wer Jesus war und ist, was er gesagt hat und was Tod und Auferstehung bewirken. Ist er der, von dem die Bibel sagt, dass er der verheißene Messias ist, der Sohn Gottes, der Retter und Erlöser, das Lamm Gottes, das die Sünde der Welt trägt, der Auferstandene und Herr des Universums, durch den alles was ist, geschaffen wurde? Wenn er das nicht ist, dann können wir das Christentum vergessen, dann können wir die Kirche dicht machen, dann können wir vielleicht noch ein bisschen Kirche spielen mit dem Geld eines staatlich gestützten Alimentierungssystems. Wenn Er dieser Heiland der Welt *nicht* ist, dann gibt es kein Reich Gottes, kein himmlisches Jerusalem, keine letztgültige Gerechtigkeit, keine Vergebung, keine Erlösung für Israel und für die Welt, dann gibt es keine Hoffnung. Wer ist Jesus? – das ist die alles entscheidende Frage. Und die Antwort ist verdunkelt.

Im Zuge einer reduktiv überfremdeten Christologie ist Jesus nicht mehr der Retter vor der Verlorenheit des Menschen, sondern einer, der im Auftrag Gottes gute Tipps für ein besseres Leben gibt, ein moralischer Influencer, dessen Tod nur eine zeitliche Erlösung aus dem Kreislauf der Vergeltung von Bösem mit Bösem bedeuten könnte. Die menschlichen Abgründe wie auch die himmlische Berufung des Menschen werden verharmlost, das Böse wie das Gute. Ein auf postmoderne Menschenfreundlichkeit zurechtgestutzter Jesus bedeutet in der Konsequenz die totale Banalisierung des Glaubens. Die Verkündigung verkommt zum oberflächlichen, in reiner Diesseitigkeit gefangenem Gerede, das nichts mehr zu sagen hat über die großen Themen wie Tod, Erlösung, Himmel, Vollkommenheit, Schuld und Vergebung, Vollendung der Welt, ewige Vernichtung des Bösen und Gottes neue Welt. Dieser auf ein verbessertes Diesseits fixierte

Glaube hat keinen Grund, missionarisch aufzubrechen. Mission ist peinlich. Jesus als Erlöser eine Zumutung. Wenn wir aber die missionarischen Aufbrüche in Geschichte und Gegenwart anschauen: Sie alle waren inspiriert von dem dringenden Verlangen, den Menschen Jesus zu bringen, die Botschaft der freien Gnade Gottes.

In der EKD hat sich 2017 ein Zukunftsteam gebildet, das Elf Leitsätze über die Zukunft der Kirche verfasste. Nach massiver Kritik wurde das Papier überarbeitet und liegt nun seit November 2020 vor als *»Hinaus ins Weite – Kirche auf gutem Grund. Zwölf Leitsätze zur Zukunft einer aufgeschlossenen Kirche«*. Man spürt dem Dokument die Mühe ab, optimistisch in die Zukunft aufzubrechen. Viele gute Ideen sind darin enthalten. Man will frömmer werden, mehr Profil zeigen, die Verwaltung verschlanken, neue Formate unterstützen, bunter und vielfältiger werden, auch digitaler und partizipatorischer. Eigentlich eine schöne Absichtserklärung. Aber sie geht an den zwei Kernproblemen vorbei: *Erstens* dem Problem einer beschädigten Christologie und *zweitens* dem notwendigen Umbau der Volkskirche zu einer missionarischen Kirche in einer Welt, die Religion frei wählt.

In Leitsatz 4 steht »Wir bezeugen Jesus Christus in der Welt«. Ein theologisch einigermaßen gebildeter Mensch fragt sich, von welchem Jesus Christus hier die Rede ist? Der historisch-kritisch Zurechtgestutzte? Der Christus der altkirchlichen und reformatorischen Bekenntnisse? Oder wenn es völlig korrekt heißt »dass Jesus Christus der gute Grund der Kirche ist«. Das ist ein wunderbares Statement und eine Anspielung auf Paulus, der an die Korinther schreibt: »«Einen anderen Grund kann niemand legen als den, der gelegt ist: Jesus Christus« (1. Korinther 3). Der Jesus Christus, von dem Paulus hier spricht, ist tatsächlich *das* Fundament: »der für unsere Sünden gestorbene und auferstandene Messias«. Was aber, wenn Jesus Christus gemäß einigen Modetheologien völlig umgedeutet und christologisch entleert wird? In der evangelischen Kirche ist überhaupt nicht mehr klar, wer Jesus Christus ist und inwiefern er der gute Grund ist. Das schöne Dokument setzt etwas voraus, was nicht gegeben ist, nämlich ein verbindlicher Konsens der Kirche, *wer Jesus ist*. Gott sei Dank haben wir in der Evangelischen Kirche ein Minimal-Credo, das für jeden evangelischen Pfarrer eine gewisse Verbindlichkeit besitzt und das geistlich-theologische Fundament unserer Kirche bildet: die *Augsburger Konfession*. Ich habe im vorherigen Kapitel aus dem christologischen Artikel zitiert. Dessen Aussagen nehmen heute nur noch wenige deutsche Theologen ernst. Insofern ist die Kirche »auf gutem Grund« eine Illusion. Die Zwölf Leitsätze sind eigentlich ein freundliches Therapiekonzept für einen Krebspatienten, dem man Sport an der frischen Luft verordnet. Das ist ganz sicher der Gesundung sehr förderlich. Helfen aber würde dem Patienten eine ehrliche Diagnose und eine Operation mit anschließender Lebensumstellung. Die Diagnose für die Kirche lautet: Du hast eine beschädigte Christologie, die dein Leben und deine Mission vergiftet. Und die Therapie? Da wird es schon schwieriger. Vorsicht vor Patentlösungen!

Zweitens fällt auf, dass in den Zwölf Leitsätzen mit keinem Wort erwähnt, geschweige denn reflektiert wird, dass die Religion der Zukunft gewählte Religion ist, dass Glaube das reflektierte Resultat von Entscheidungen für

Christus und Kirche ist. Das Schrumpfen der Kirchen signalisiert den Niedergang geerbter Religion. Daher ist eine Kirche der Zukunft eine Kirche, die Mission und Evangelisation zu ihrer Kernaufgabe macht. Das Wort »Mission« taucht im Text zwar einmal auf, aber das Anliegen bleibt schwammig und unkonkret. Eine Kirche, die aus dem volkskirchlichen Betreuungsmodell nicht gewählter Religion hin zu einer Kirche der Zukunft aufbrechen will, wo gewählte Religion zur Normalität wird, muss dem Thema *Konversion* höchste Priorität einräumen. Denn die Übermorgenkirche wird aus Menschen bestehen, die Glaube und Kirche gewählt haben. Das Wort »Konversion« (früher sagte man »Bekehrung« dazu) taucht im Text nicht einmal auf. Man gewinnt den Eindruck, dass die Zwölf Leitsätze das alte Volkskirchenmodell in die Zukunft retten wollen, lediglich ein bisschen schlanker, sportlicher, kommunikativer, partizipatorischer, flexibler. Das wird nicht funktionieren. Die Herausforderungen einer veränderten Gesellschaft sind so komplex anders als zu Staatskirchenzeiten, so dass die Kirche ihr System neu formatieren muss. Das muss sich auch niederschlagen in kirchlichen Leitsätzen, die tatsächlich Perspektiven eröffnen, wie der Umbau der Kirche von einer Volkskirche, zu der früher alle gehörten, zu einer missionarischen Kirche gelingen kann. Das *Institut zur Erforschung von Evangelisation* und Gemeindeentwicklung hat 2009 eine umfangreiche Studie zur Erforschung von Konversion für die EKD vorgelegt mit wertvollen Erkenntnissen, wie Konversion in der Großkirche möglich ist. Ich kann nicht entdecken, dass die Forschungsergebnisse irgendwo aufgegriffen wurden für einen missionarischen Aufbruch der EKD. Auf der EKD-Homepage gibt es lediglich einen kurzen Bericht darüber, der aber so distanziert verfasst ist, dass man den Verdacht nicht los wird, der Autor hält nicht viel vom Thema.

Der Johannes hatte es gut: Unterschiedliche Probleme, *eine Lösung*

In der Offenbarung des Johannes finden wir sieben Mini-Briefe an sieben Gemeinden. Johannes, nach der Tradition einer der zwölf Apostel, hatte eine visionäre Begegnung mit dem auferstandenen Christus und empfing sieben Botschaften. Es werden Probleme aufgezählt. Es wird getadelt und es wird lobend benannt, was gut läuft. Aber wie unterschiedlich die Missstände auch sind, die Lösung ist immer die gleiche: Kehrt um! In Ephesus ist die Begeisterung erkaltet. In Pergamon gibt es destruktive Sonderlehren und moralische Probleme. In Sardes läuft zwar der Gemeindebetrieb super, aber das ist toter Aktionismus. In Laodizea ist der Glaube lahm und lau geworden. Die Aufforderung an alle vier Gemeinden lautet einhellig: Kehrt um! Das ist auch die Grundkoordinate der Botschaft Jesu. Matthäus fasst sie so zusammen: «Kehrt um, denn das Himmelreich ist nahe herbei gekommen!« (Matthäus 4).

Können Institutionen umkehren?

Viele Studien zum Thema Changemanagement belegen: Institutionen tun sich schwer mit Veränderungen. Um das zu verstehen, ist es aufschlussreich, ein paar Prinzipien zu kennen, wie Institutionen mit einem hohen Institutionalisierungsgrad, wie z. B. eine Kirche, eigentlich ticken.

1. Kritische Fragen werden im Allgemeinen nur angegangen, wenn sich potentielle Lösungen in das institutionelle Setting einfügen. Gibt es so etwas wie ein Volkskirchensetting? Lösungen könnten dieses Setting sprengen. Probleme sind also vorprogrammiert.
2. Institutionen ändern sich nicht von innen heraus, sondern erst, wenn ein entsprechend großer Leidensdruck vorhanden ist. Der wird ausgelöst, wenn eine Krise die Institution erschüttert.
3. Institutionen reagieren auf eine Krise, indem sie versuchen, deren Symptome zu bekämpfen: Sparen, die Organisationsstruktur verschlanken, Gelder auftreiben, die Kommunikation optimieren.
4. Große und lange bestehende Institutionen funktionieren in ihrem Alltagsbetrieb nach nicht hinterfragbaren Abläufen (»das haben wir immer schon so gemacht«). Diese erschweren das Mobilisieren von Veränderungsenergie.
5. Für die Reaktion von Institutionen unter Veränderungsdruck gibt es drei mögliche Szenarien: a) Resignation b) die Krise kleinreden oder wegreden und verdrängen c) die Perspektive wechseln und die Ursachen der Krise anpacken.

Fazit: Erst wenn der Leidensdruck groß genug ist, entsteht die nötige Bereitschaft, neue Perspektiven und Visionen zu entwickeln. Um dahin zu gelangen, besteht der erste Schritt in Folgendem: Um die nötige Veränderungsenergie zu generieren, muss in der Institution überhaupt erst einmal ein Problembewusstsein geschaffen werden, um Handlungsbereitschaft zu erzeugen. Dann entsteht eventuell ein kreatives Klima, um Perspektiven und Visionen zu entwickeln und schließlich durch konkrete Schritte Ziele zu erreichen.[34]

Es gibt Faktoren, die einen Umbau solch einer lange gewachsenen Institution wie der EKD behindern. Die Wahrnehmung der Krise ist nach außen gerichtet. Die Ursachen liegen nach dieser Sichtweise vor allem außerhalb des Systems. Statt nach Gründen zu suchen, die bei uns selbst liegen, werden vor allem äußere Bedingungen verantwortlich gemacht, auf die wir keinen Einfluss haben: Säkularisierung, demographischen Wandel, Individualisierung und Privatisierung. Diese Faktoren spielen sicherlich eine Rolle beim Rückgang der Kirchlichkeit. Aber es gibt Gründe, die bei uns liegen und die ich bereits beschrieben habe: wir haben *erstens* eine beschädigte Christologie und in der Folge faktisch keine Pneumatologie. Mit anderen Worten: Die Quellen der Erneuerung, die zu einem geistlichen Aufbruch führen, sprudeln nicht. Eine beschädigte Christologie führt zur geistlichen Unfruchtbarkeit und sie vermag auch nicht, wie wir zeigten, das nötige Commitment der Christen zu generieren. Und wir haben *zweitens* ein Kirchenmodell geerbt, das ganz im institutionellen Modus geerbter Religion funktioniert oder eben nicht mehr funktioniert, weil institutionelle bzw. geerbte Religion schwindet und individuelle bzw. gewählte Religion wächst.

Das bedeutet: Die evangelische Kirche in Deutschland könnte wieder eine wachsende Kirche werden:

- Wenn *erstens* ihr Fundament erneuert wird, nämlich der Glaube an den Dreieinigen Gott, der in Jesus Christus Mensch geworden ist und durch seinen Tod und seine Auferstehung das Heil für alle Menschen (auch für Muslime) erworben hat. Mit anderen Worten: Ohne eine von *reduktiver Überfremdung gereinigte Christologie* gibt es keinen Aufbruch des Glaubens. Eine gesunde Christologie ist gleichzeitig eine dynamische Christologie, weil der Heilige Geist den Gottessohn, den Christus, den Retter von Sünde, Tod und Teufel, bestätigt.

- Wenn *zweitens* der Schwerpunkt kirchlicher Arbeit danach ausgerichtet wird, dass das Wachstumspotential der Kirche in individueller bzw. gewählter Religion besteht. Das bedeutet, die Kirche muss eine *Konversionstheologie* entwickeln. Die gescholtenen Worte Mission und Bekehrung müssen aus ihrer evangelikalen Engführung heraus geführt werden und zur Grunddisziplin kirchengemeindlicher Arbeit werden.

Ich denke, dass eine institutionell verfestigte Sozialgestalt wie die EKD mit diesem Umbau überfordert ist. *Erstens* teilen viele kirchlichen Verantwortungsträger wahrscheinlich nicht die hier vorgestellte Einschätzung der Situation und der theologischen Konsequenzen. Und *zweitens würden sich* Theologen, die noch in einem reduktiven liberalen oder zumindest in einem volkskirchlichen Setting verhaftet sind, so einem Kurs entgegenstellen. Und das sind nach meiner Einschätzung nicht wenige. Aber es gibt viele Gründe und Anzeichen für Hoffnung:

Erstens nimmt die Zahl derer zu, die mit einer missionarischen Berufung Theologie studieren. Der Beruf des Pfarrers und anderer Berufe im Verkündigungsdienst verlieren zunehmend an Attraktivität. Die Zahl der Theologiestudierenden nimmt rapide ab. Gleichzeitig steigt der prozentuale Anteil derer, die aus einer missionarischen Berufung studieren. Der Theologennachwuchs wird frömmer und damit auch bald das Leitungspersonal der Kirchen. Die neue Pfarrergeneration, die viele Ideen für einen Aufbruch der Kirche hat, organisiert sich bereits in dem Netzwerk *Churchconvention*. Sie wollen eine »Mission-Shaped Church«, eine missionsgeformte Kirche. In ihrem Leitwort heißt es: »Die Zukunft steckt voller Herausforderungen. Aus begründeter Hoffnung heraus und mit Fantasie für den Glauben stellen wir uns diesen Herausforderungen. Eine junge Generation von Pfarrerinnen und Pfarrern und solchen, die in Zukunft Gemeinden leiten werden, verbindet sich deshalb zu Churchconvention. Wir leben schon heute unsere Vision von der Kirche in der Gewissheit einer verheißungsvollen Zukunft.«[35]

Der *zweite* Grund für Hoffnung liegt in der ausweglosen Situation niedergehender Gemeinden. Auf der Suche nach Wegen aus der Krise entdecken sie alte und neue Modelle glaubensweckender Gemeindearbeit. In der Kirche der Freiheit, wie sich die EKD gern nennt, sind solche Aufbrüche möglich und in Zukunft noch mehr gewollt und gefördert. Besonders meine Kirche, die *Evangelische Kirche in Mitteldeutschland* (EKM), erlebe ich ausgesprochen innovativ und fördernd. Das wird auch daran sichtbar, dass sie (als finanzschwache Kirche) einen beachtlichen Fond aufgelegt hat zur Gründung neuer missionarischer Projekte nach dem Modell von FreshX (Fresh Expression of Church) der Anglikanischen Kirche. Im Osten unseres Landes ist der Missionsgedanke stärker im Bewusstsein der Kirche als im Westen. Man musste sich unter der Herrschaft einer kirchen- und christentumsfeindlichen Diktatur auf die Quellen seines Glaubens und die Identität der Kirche besinnen. Deshalb: Ex oriente lux (das Licht kommt aus dem Osten).

Theologie kann auch anderes

Die akademische Theologie an den deutschen Universitäten ist eine eigene Welt mit eigenen Regeln. Während die naturwissenschaftlichen Disziplinen sich als Zuarbeiter für die Medizin und die Wirtschaft verstehen und entsprechend praxisbezogen arbeiten, führt die Theologie eine eigenartig abgehobene Sonderexistenz. Theologische Forschung müsste eigentlich heiß daran arbeiten, wie das Evangelium unter den veränderten Bedingungen einer niedergehenden Volkskirche einladend kommuniziert werden kann. Stattdessen werden Theorien entwickelt, die sich entweder mit der Vergangenheit befassen oder über subtile Detailfragen spekulieren, die vorbei gehen am Leben der Menschen und am Auftrag der Kirche. Ich beobachte eine zunehmende Entfremdung der theologischen Eliten von den Gemeindechristen mit ihren im säkularen Klima genährten Zweifeln. Theologie traut sich zu wenig an die großen Fragen heran, welche die Menschen bewegen: Gibt's Gott wirklich? Ist das tatsächlich wahr mit Jesus und dem ganzen Christentum? Aber nicht nur die Gemeinderealität wird häufig verfehlt. Auch die säkularen Menschen, von den Einfachen hin bis zu den Intellektuellen, kommen zu wenig vor mit ihren Fragen, auf die sie eine Antwort des Glaubens erhoffen. Oft fühlen sie sich einfach nur belehrt oder ideologisch in eine bestimmte Richtung gedrängt. Wenn es darum geht, die

Kirche für einen Aufbruch des Glaubens intellektuell auszurüsten, erscheint mir Theologie in vielen Fällen wenig förderlich. Ich sehe aber hoffnungsvoll, dass das Interesse zunimmt an Theologie, die ihren Ursprung außerhalb Europas hat. Aus Afrika, Asien und Lateinamerika gibt es so viel Interessantes zu erfahren. Wie funktionieren aufblühende Kirchen in anderen Teilen der Welt? In welchem Betriebssystem von Kirchen arbeiten sie? Was sind die Vorteile und die Nachteile von Kirche auf dem freien religiösen Markt? Warum wachsen einige Kirchen, während andere schrumpfen? Was haben sie für eine Christologie und Ekklesiologie und was können wir daraus lernen?

Das Christentum lässt sich nur noch als globale Bewegung mit Schwerpunkt auf der Südhalbkugel verstehen. Wer heute Theologie studiert, muss seinen Horizont weiten und das globale Erwachen des Glaubens in den Blick nehmen, um den deutschen Sonderweg von Theologie relativieren zu können und um auszubrechen aus einem germanozentrischen Provinzialismus.

Ich war öfters in Afrika, Indien und in anderen Teilen der Welt und habe dort studiert, wie Gemeinden sich entwickeln, welche missionarischen Konzepte sie vertreten und was ihre Theologie ausmacht. Ich habe von verschiedenen Pastoren und Gemeindegründern mehrfach einen Satz gehört: »Wenn du willst, dass deine Gemeinde stirbt und dass dein Dienst ohne Frucht bleibt, dann übernimm die Theologie Europas!« Ich habe nachgefragt und mit ihnen diskutiert: »Was sind aus eurer Perspektive die Gründe für die Erfolgslosigkeit europäischer Theologie?« Die Antworten gingen ungefähr in diese Richtung: »Ihr habt zu wenig Vertrauen in die Bibel, zu wenig Zutrauen in die Kraft des Heiligen Geistes und ihr habt kein Verständnis, was Bekehrung ist«. Ein Streiflicht auf das weltweite Erstarken des christlichen Glaubens könnte die europäische Sicht auf Religion weiten. Südkorea und China sind eindrückliche Beispiele für diese Entwicklung. In keiner anderen Nation dieser Welt gibt es so viele Christen wie in China. Vorsichtige Schätzungen gehen davon aus, dass das Christentum heute 100 Millionen Gläubige hat. Das sind über 10 Prozent der Gesamtbevölkerung. In diesem postkommunistischen Land hat sich seit der Kulturrevolution in den 1960er Jahren das Christentum mehr als verfünzigfacht und zwar trotz Verfolgung und Diskriminierung. Überhaupt ist der ostasiatische Raum nicht nur wirtschaftlich die wichtigste Boomregion der Erde. Auch das Christentum hat hier ein enormes Wachstum zu verzeichnen. 1970 gab es dort ca. 11,4 Millionen Christen (1,2 Prozent der Bevölkerung). Heute beträgt die Zahl 171,1 Millionen (10,5 Prozent). Ein ähnliches Bild bietet Afrika. Waren 1910 nur 12 Millionen Menschen Christen (9 Prozent der Bevölkerung), so sind es heute 630 Millionen (49,4 Prozent). In keinem anderen Teil der Welt gibt es so viele Kirchenbesucher wie in der Südsaharazone, wo 71 Prozent der Bevölkerung wöchentlich an einem Gottesdienst teilnehmen. Für das Gemeindewachstum sind dabei kaum die traditionellen europäischen Denominationen verantwortlich. Vielmehr sind es neue afrikanische Bewegungen, zumeist charismatisch-pfingstlerischer Prägung, welche weite Teile der Bevölkerung für den christlichen Glauben gewinnen.[36] Sie haben aus europäischer Sicht oft eine fragwürdige Theologie. Aber die Zeiten sind vorbei, in denen die weltweite Christenheit durch europäische Theologien dominiert wurde. Im Gegenteil. In weiten Teilen der Welt schaut man skeptisch auf das, was an Theologie in den letzten einhundert Jahren aus Europa kam. Sieht man doch in ihrem materialistisch-reduktiven Denkansatz den Hauptgrund für den Niedergang der Kirche in diesem Kontinent, von dem einst tausende Christen aufbrachen, um der Welt den christlichen Glauben zu bringen. Während man in der Theologie weltweit von einem spirituellen Weltbild ausgeht und so zu interessanten und auch empirisch wertvollen Erkenntnissen kommt, bleibt man hierzulande weithin in einem reduktiven liberalen Setting verhaftet, und hat wenig dazu beizutragen, ein Erwachen des Glaubens zu fördern. Es gibt in Zukunft keine angemessene Gotteswissenschaft ohne die Neugier, wie Gemeinden sich außerhalb Europas organisieren und multiplizieren und was man daraus lernen oder sogar davon übernehmen kann - gemäß dem biblischen Motto »Prüft alles, das Gute behaltet!«. Nicht selten kommt es vor, dass man sich theologisch unbequeme Erkenntnisse vom Hals halten will. Erfolgreichste Methode? Man steckt das, was man lieber nicht wissen will, in eine Schublade mit den Etiketten: »evangelikal«, »pfingstlich« oder noch schlimmer »fundamentalistisch.« »*Labeln statt lernen!*« ist da wohl die Devise.

Die Humboldt-Universität (HU) in Berlin hat Partnerschaftsverträge mit verschiedenen Universitäten der Welt, so auch mit Seoul, der Hauptstadt Südkoreas. Dieses Land, das zu der boomenden Wirtschaftsregion der sogenannten Tigerstaaten gehört, zählt zu den Ländern in der Welt, wo nach 1945 die Kirchen das stärkste Wachstum zu verzeichnen hatten. Ein befreundeter Theologiestudent an der theologischen Fakultät der HU signalisierte sein Interesse an einem Studiensemester in Seoul.

Solche Projekte werden ja laut Partnerschaftsvertrag gefördert. Man riet ihm davon ab, da die Kirche in Korea zu evangelikal sei. Im Klartext: Von evangelikal geprägten Kirchen wollen wir nichts wissen, auch wenn sie noch so erfolgreich wirken. Das erinnert mich als »Ossi« an die Forschungs- und Denkverbote in der DDR-Diktatur. Mein befreundeter Student war trotzdem ein halbes Jahr in Korea, hat dort viel gelernt über Mission und Gemeindeaufbau, wie man es machen kann und wie besser nicht.

Ich habe über viele Jahre Theologiestudenten in Berlin gecoacht. Wir sprachen über Methoden der Bibelkritik, über christologische Entwürfe und Modelle von Gemeindeaufbau. Ich ermutigte sie, sich mit diesen unterschiedlichen Konzepten ernsthaft auseinanderzusetzen. Obwohl ich einiges davon für klugen Unfug hielt, versagte ich es mir schroff, diese Modelle zu bewerten. Sie sollten selber darauf kommen, inwiefern diese etwas austragen für den Auftrag der Kirche. Ich wollte ihre Urteilungskraft schärfen. Und so lehrte ich die angehenden Theologen genau hinzuschauen und die künftigen Konsequenzen zu entdecken: »Wenn man die Ansätze dieses Entwurfs und jener Methode konsequent weiterdenkt: Was kommt dabei heraus für die Zukunft der Kirche? Was bedeutet das für Mission und Gemeindebau in einem postchristlichen, säkularen Kontext? Wie wirkt sich das aus auf die Verkündigung und auf die Sakramente? Wie feiern wir Abendmahl, wenn *das* unser Christus ist? Was bedeutet das für Menschen, die um einen Angehörigen trauern oder die verzweifelt sind, weil die Last von Schuld oder Sucht sie niederdrückt?« Theologie verleiht nicht nur sprachliche Kompetenz, um den Glauben verständlich zu kommunizieren. Sie befähigt auch, den eigenen

Unglauben hinter theologischen Phrasen zu verbergen, von denen eine lautet »Jesus ist in das Kerygma auferstanden«.

Auch die universitäre Theologie wird in einen Prozess der Erneuerung eintauchen, wenn nämlich immer mehr Studenten nach der Aneignung missionarischer und kybernetischer Kompetenz verlangen. Schon heute haben einige theologische Fakultäten Nachwuchsprobleme. Die Universitäten, die in dem Ruf stehen, dass sie Theologen ausbilden, die etwas von Gemeindewachstum, glaubensweckender Verkündigung und Zurüstung zum Dienst verstehen, werden keinen Mangel an Bewerbern haben. Ich bin gespannt, wie die theologische Fakultät Greifswald die Pensionierung von Professor Michael Herbst bewältigt, der wegen seiner missionarischen Ausrichtung viele Studierende anzog.

Die behördliche Arroganz, mit der Kirchenleitungen den Kirchgemeinden die Besetzung ihrer Pfarrstellen vorschreibt, ist weder reformatorisch noch zukunftsweisend. Abgesehen vom Besetzungsrecht durch die Kirchenleitung, das durchaus seinen Sinn hat, um auch unattraktive Stellen besetzen zu können, verhindert das System, dass Gemeinden sich für Theologen entscheiden können, die von Theologischen Seminaren mit einem Profil kommen, das missionarisch ausgerichtet ist. Es sind nämlich nur Pfarrstellenbewerber mit einem universitären Abschluss zugelassen. Das klingt erst einmal sinnvoll, ist aber der tatsächlichen Situation nicht angemessen. Es gibt eine Reihe von Theologischen Hochschulen wie z. B. die Freie theologische Hochschule Gießen oder die Internationale Hochschule Liebenzell, die ein hohes Maß an theologischer, missionarischer und soziologischer Kompetenz vermitteln. Im Fall von Liebenzell, wo auch Missionare für den weltweiten Einsatz ausgebildet werden, lernen die Studierenden Theologie in einem globalen Horizont, jenseits deutscher Provinzialität. Warum scheiden sie als Bewerber auf eine Pfarrstelle der Landeskirche aus? Ihre Ausbildung ist zu wenig landeskirchenkonform und gilt als evangelikal, was in der Kirche ein Makel ist. Die Absolventen verstehen eine Menge von dem, was die Anglikaner Pioneering of Church nennen, also in einem unerreichten Gebiet oder sozialem Cluster Gemeinde Jesu zum Laufen zu bringen. Aber ist es nicht genau das, was die Kirche braucht? Ja, aber es ist noch relativ neu für eine Institution, die immer noch im Betreuungsmodus operiert. Auch hier wird der gesellschaftliche und kirchliche Wandlungsprozess, der ein verändertes Profil von Pfarrern und Pfarrerinnen erfordert, notwendige Neuformierungen erzwingen. Zwei Faktoren sind die Katalysatoren für ein Umdenken: *Erstens* gehen die evangelischen Landeskirchen auf einen erschreckenden Pfarrermangel zu. *Zweitens* benötigen die Landeskirchen für einen notwendigen Aufbruch theologisches Personal mit neuen missionarischen Ideen und Ansätzen. Das bedeutet *erstens*, dass in Zukunft auch Absolventen von theologischen Hochschulen, die bisher als Pfarrstellenbewerber nicht in Frage kamen, in den Dienst als Pfarrer und Pfarrerin übernommen werden können (nach einem Assessment-Verfahren, wie es in den meisten Landeskirchen üblich ist). Und *zweitens*, dass das Besetzungsrecht der Gemeinde für ihre Pfarrstellen aufgewertet wird und kirchenbehördliche Zuständigkeit abgebaut wird. Allerdings wachen die Universitäten eifersüchtig darüber, dass nur ihre Absolventen die Zulassung zum Pfarrdienst erhalten.

Theologie als Anbetung

Eine großartige Kirchengemeinde ist die *Mamlaka Hill Chapel* in Nairobi, der Hauptstadt von Kenia. Ich kenne die Gemeinde und den Seniorpastor *Dr. Charles Nganga* von mehreren Besuchen. Zu ihr gehören über fünfhundert Studenten und einige Professoren. Ein Student erzählte mir von einer Begebenheit: Ein Professor aus Deutschland hielt an einer der Universitäten Nairobis, der Pan Africa Christian University, an der auch Theologen ausgebildet werden, eine Vorlesung. Nach dem Vortrag war Raum zum Diskutieren. Die Studierenden konnten Fragen stellen. Einer eröffnete die Fragerunde an den Professor: »Erzählen Sie uns etwas über ihr Gebetsleben!« Diese Aufforderung wäre an einer deutschen Universität undenkbar. Ich finde die Frage großartig. Der Student möchte wissen, aus welchen geistlichen Quellen der Professor seine Weisheit schöpft. Theologie ohne Gebet verdorrt und wird zur trockenen Theorie über Transzendenz.

Was ist eigentlich Anbetung und was unterscheidet diese von Dank und Lob? Ich möchte das an einem Beispiel verdeutlichen. Ein Ehepaar: Es ist ein besonderer Abend. Es gibt etwas zu Feiern. Die Frau hat gekocht, eine Kerze brennt.[37] Man speist zu zweit. Dank ist, wenn der Mann ihr dankt für das Essen und den Abend. Lob ist, wenn er die Kochkünste seiner Frau preist. Was ist Anbetung? Es geht dem Mann nicht mehr um das Essen. Es geht ihm um *sie*, wer sie ist, nicht um das, was sie tut. Er fällt vor ihr auf die Knie: »Du bist die wunderbarste Frau, die es gibt auf dieser Welt!« Die wahre Höhe des Gebets ist die Anbetung, wenn ein Mensch nicht mehr um sich kreist, auch nicht um das, was Gott getan hat, sondern fasziniert ist von dem Dreieinigen Gott. So wie das Gebet in der Anbetung Gottes seine größte Höhe und sinnenfälligste Tiefe findet, so gipfelt auch die Theologie in der Anbetung der Heiligen Dreieinigkeit, in der Anbetung von absoluter Vollkommenheit, ewiger Schönheit und unaussprechlicher Schöpfermacht. Theologie, die nicht aufsteigt zur Faszination an Gottes Wesen, das grenzenlose Liebe ist, verkommt schnell zum spirituellen anthropozentrischen Blabla.

9. MISSIONARISCHE KIRCHE IN DER BALANCE VON PROGRES SIV UND KONSERVATIV

Missionsgeformte Kirche

Alle Gemeinden, die in dieser Welt wachsen, haben nicht nur eine gesunde Christologie. Sie wachsen, weil sie das *wollen.* Sie haben den Ruf in die Mission Gottes gehört und ihren Kirchenbetrieb radikal auf Mission umgestellt. Niemals geschieht Gemeindewachstum zufällig. Ausnahmen sind Kirchengemeinden, die in einem Gebiet mit starkem Zuzug wohnen, wie z. B. vor zwanzig Jahren die Gethsemane-Kirchengemeinde in Berlin Prenzlauer Berg, als der Stadtteil von schwäbischen Kirchenmitgliedern überrannt wurde, die ihrer piefigen Provinz mit Kehrwoche entkommen wollten. Traditionelle Kirchen, die aus einem volkskirchlichen Hintergrund kommen, müssen einen tiefgreifenden Veränderungsprozess durchlaufen, wenn sie wirklich missionarisch werden wollen. Meine aus Erfahrung gewachsene Überzeugung ist, dass das volkskirchliche Setting einen missionarischen Aufbruch sehr erschwert. Das ist sowohl in der Theologie einer unterentwickelten Missiologie begründet, die den eigentlichen Auftrag der Kirche verdunkelt, als auch in der Mentalität, welche die Menschen im Volkskirchenmodell geprägt hat. Um missionarisch zu werden, bedarf es eines *Perspektivwechsels* vom Modell der parochialen Betreuung hin zu einer Kirche, in der Mission oberste Priorität hat. Ein Perspektivwechsel umfasst eine Neuausrichtung des Denkens, einen Paradigmenwechsel, der alles bis dahin Gedachte in einem neuen Licht sieht, den Übergang von einem Denkmodell zu einem anderen, wobei sich die Sichtweise grundsätzlich verändert. Das Positionsdokument der Anglikanischen Kirche von 2005 bringt es auf den Punkt: »Wer von der Kirche ausgeht, dem geht wahrscheinlich die Mission verloren. Wer von der Mission ausgeht, findet gleichsam die Kirche«.[38] Die Mission bestimmt das, was die Kirche ist. Unter der Perspektive der Mission ändert sich alles. Denn »die Kirche existiert um derer willen, die nicht in ihr sind« sagte der frühere anglikanischen Erzbischofs *William Temple* und nennt damit den Grund für die Existenz der Kirche und ihre Bestimmung als von Gott in die Welt gesandte Jüngergemeinschaft. Es geht *nicht* um Mitgliedergewinnung. Es geht darum, dass Menschen sich rufen lassen, Jünger und Jüngerinnen Christi zu werden. Das ist Gottes Sehnsucht. Und wo die Kirche diese Sehnsucht lebt, wird Wohlergehen und Wachstum von Gemeinde die Folge sein.

Eine Staatskirche steht auf

Die ehrwürdige Church of England ist eine Staatskirche mit der Königin als weltlichem Oberhaupt. Es gibt in England keine Kirchensteuer. Dreiviertel des kirchlichen Gesamthaushaltes kommt aus Spenden ihrer Gemeindeglieder und Einnahmen in den Gemeinden. Seit den 1960er Jahren musste die Kirche einen Niedergang erleiden, der ihre Existenz gefährdete. Der schottische Sozialhistoriker

Callum G. Brown schreibt in »The Death of Christian Britain«: »From 1956 all indices of religiosity in Britain start to decline, and from 1963 most enter free fall«[39] (Seit 1956 sind alle Anzeichen von Religiosität im Schwinden begriffen, und seit 1963 befinden sie sich im freien Fall). Was kann eine Kirche unternehmen, um den Abwärtstrend zu stoppen? Die Anglikaner machten nicht den Fehler, lediglich mit kosmetischen Operationen (Geld einsparen, Personal entlassen, Standorte aufgeben, den Betrieb auf den gerade finanzierbaren Level runterfahren) die Talfahrt abzufedern. Sie fragten sich, was ist unser Auftrag für unser Land und worin liegen die Ressourcen geistlicher Kraft und Lebendigkeit. Dabei entdeckten sie Evangelisation als ihre Hauptaufgabe. Der englische Bischof *Steven Croft* bekannte in einem Referat auf dem Kirchentag 2015 in Stuttgart: »Die Vernachlässigung und Verächtlichmachung von Evangelisation ist eine der Hauptsünden in der Geschichte meiner Kirche.« Geboren aus der Krise setzte ein Umdenken ein und bereitete den Boden für einen tiefgreifenden Veränderungsprozess. Zunächst mussten die Anglikaner klären, was Mission eigentlich ist. Das Resultat: »Fünf Kennzeichen von Mission« (siehe Kapitel 6 in diesem Buch) als Richtungsanzeige, wohin die Reise gehen soll. Wer aufbrechen will, muss sich auch fragen: Wo tut sich etwas Hoffnungsvolles in unserer Kirche? Was läuft gut? Wo wachsen Gemeinden durch Bekehrungen? Wo arbeiten viele Ehrenamtliche mit? Was motiviert sie? Die Revitalisierung der Anglikanischen Kirche ist ein synergetischer Prozess aus evangelikaler Frömmigkeit, hochkirchlicher Liturgiebewegung, charismatischer Erneuerung, ökumenischer Spiritualität und der Hauskirchenbewegung. Die Kunst besteht darin, diese Energiezentren wahrzunehmen und ihnen eine Richtung zu geben. 1988 wurde auf einer Anglikanischen Konferenz unter der Leitung des Erzbischofs von Canterbury *Robert Runcie* eine *»Dekade der Evangelisation«* ausgerufen. Jede Provinz und jede Diözese der Anglikanischen Gemeinschaft wurde dazu aufgerufen, in Kooperation mit anderen Christen die letzten Jahre dieses Millenniums zu einer Dekade der Evangelisation zu machen.[40] Die Dekade hat zwar, wie kritisch resümiert wurde, den Schrumpfungsprozess nicht gestoppt, aber sie hat den Umkehr- und Gesundungsprozess intensiviert. Der Kompass der Kirche drehte sich eindeutig in Richtung missionarischer Aufbruch. Es wuchs die Erkenntnis, dass Mission nicht nur die Revitalisierung bestehender Kirchengemeinden umfasst, sondern dass die Gründung neuer Gemeinden (Church Planting) in vom Evangelium unerreichten Gebieten und gesellschaftlichen Milieus eine neue Aufgabe der Kirche ist. 1991 hat der frisch gewählte Erzbischof von Canterbury, das geistliche Oberhaupt aller Anglikaner, *George Carey,* angekündigt: »The time will shortly come when bishops will have to develop a strategy for church planting« (In Kürze wird die Zeit kommen, da Bischöfe eine Strategie für Gemeindegründung entwickeln müssen).[41] Als dann die Generalsynode der Anglikanischen Kirche 2004 das Positionspapier *»Mission Shaped Church«* verabschiedeten, war damit ein epochaler Wandel zu einer Neuformatierung der Ekklesiologie unter dem Aspekt der Mission vollzogen. Dieses Dokument, das auch in deutscher Fassung vorliegt, ist erstens eine ausgezeichnete Analyse postmoderner Lebenswirklichkeit und zweitens ein Mutmacher, mit Kreativität evangelistisch in die Gesellschaft aufzubrechen.[42] Die

Doppelstrategie unter dem Namen »Mixed Economy« beinhaltet sowohl die missionarische Grundausrichtung aller Kirchengemeinden als auch die Gründung neuer Gemeinden und unterschiedlicher Projekte unter dem Namen »Fresh Expression of Church«. Über Eintausend solcher neuen Formen kirchlichen Lebens entstanden seitdem von der Cafe-Kirche, Jugendkirche, family-church bis zu großen Gemeinden mit über fünfhundert Gottesdienstbesuchern, oft in säkularen Gebäuden. Auch die Theologenausbildung wurde revolutioniert und ein neues Fach an vielen theologischen Ausbildungsstätten etabliert: Pioneering Church. Studenten werden auf den Dienst, genannt Pioneer Ministry, vorbereiten, um neue Bereiche missionarischer Arbeit zu erschließen. Für Laien gibt es viele Weiterbildungsmöglichkeiten, um kompetent in einem FreshX-Team mitzuarbeiten. Ein Statement des Erzbischofs: »Through the Holy Spirit, the Church is a pioneering missionary community but within the Spirit's gifts there is a particular calling to a 'boundary crossing' or apostolic ministry« (Durch den Heiligen Geist ist die Kirche eine bahnbrechende missionarische Gemeinschaft, aber zu den Gaben des Geistes gehört eine spezielle Berufung zu einem grenzüberschreitenden apostolischen Dienst).[43] Ein statistischer Blick zeigt, dass sich die Situation der Church of England in den letzten 15 Jahren einigermaßen stabilisiert hat durch den neuen Drive der Kirche. Die Zahl der Kirchenaustritte ist zurückgegangen. In London, wo sich viele neue Gemeinden mit einem enormen Wachstum formierten, stieg die Zahl der Kirchenmitglieder zwischen 1990 und 2013 sogar um über 70 Prozent.[44] Ich war öfters in England und habe viele Church Plants und FreshX-Projekte besucht. Dabei fielen mir einige Sachen auf: *Erstens* ein Klima von »Yes we can«, eine charmante Mixtur aus Gebet, Neugier auf Menschen und geistlichem Unternehmertum. *Zweitens* die Überzeugung, dass Menschen Jesus brauchen und der kreative Wille, evangelistisch ausstrahlende Gemeinschaften zu schaffen. *Drittens*: ein tiefes Verständnis, wer Jesus ist (Christologie) und ein Vertrauen in die Kraft des Heiligen Geistes (Pneumatologie). *Viertens*: Nähe zu den Menschen, zu ihrer Kultur, speziell deren Musik, zu ihrer Sprache, ihren Lebensgewohnheiten und Sehnsüchten (Inkulturation).

Obgleich die Kirche auf der Insel auch im konstantinischen Erbe steht, ist die englische Situation etwas anders als in Deutschland. Es gibt nämlich ein paar Faktoren, die sich förderlich auf den Umgestaltungsprozess auswirkten: *Erstens* ist die Anglikanische Kirche eine Weltkirche mit globalem Horizont. Allein durch die englische Sprache und durch die Verbundenheit mit der Anglikanischen Weltgemeinschaft steht sie in einem intensiven Austausch mit geistlichen Aufbrüchen und dem weltweiten Gemeindewachstum. Was allein in den alten Kathedralen an Erweckungsliteratur ausliegt, zeigt an, dass im Kirchenvolk ein Interesse für erweckliche Formen des Glaubens vorhanden ist. *Zweitens* gibt es dort nicht diese Evangelikalen-Phobie, die bei vielen deutschen Kirchenleuten Standard zu sein scheint und ziemlich provinziell ist. Wenn man in der Welt aufstrebende Gemeinden und Bewegungen bestimmen möchte, die *nicht* evangelikal sind, so würde man kaum etwas finden. Zumindest gehört das zu den gesicherten Forschungsergebnissen der Religionssoziologie. In der Katholischen Kirche gibt es eine Reihe von kraftvollen globalen Aufbruchsbewegungen. Auch auf diese Bewegungen würden die vier Identifikationsmerkmale für »evangelikal« zutreffen.[45] »*Drittens* gibt es zwei Strömungen in der Anglikanische Kirche: High-Church, die ein liturgisch-sakramentales Profil hat, und Low-Church, wo Predigt und Volksmission eine wichtige Rolle spielen. Das bedeutet, dass in der Church of England ein breites Spektrum an Kirchlichkeit angelegt ist. Dadurch werden viel mehr unterschiedliche Menschen angesprochen. In Deutschland ist es vor allem die bildungsbürgerliche Mittelschicht, die in den Kirchen sitzt.

Die beiden Großkirchen in Deutschland haben einen ähnlichen Prozess der Umgestaltung vor sich, wenn sie nicht zu einem kirchlichen Randphänomen in der Gesellschaft verdorren wollen. Es gibt *erstens* keine Alternative zur Wiederentdeckung der Mission als Aufgabe und Identität der Kirche und *zweitens* keine Alternative zur radikalen Neuformatierung ihres Systems. Es geht um Gottes Auftrag, »alle Völker zu Jüngern zu machen«. Wir sind als Kirche weder Moralagentur noch religiöser Betreuungsclub.

Konversion entdecken

Mission war in der Geschichte meiner Kirche immer wieder ein verpöntes, gescholtenes Thema. Das reicht weit zurück. Am 24. April 1652 lehnte die Theologische Fakultät der Universität Wittenberg in einer Stellungnahme jegliche evangelische Mission ab und machte dafür fünf Gründe geltend, die an Absurdität kaum zu überbieten sind.[46] In der jüngeren Vergangenheit gab es viele Versuche, Mission umzudeuten als »Befreiung aus einer bestimmten politischen und sozialen Unrechtssituation«.[47] Oder aber der Missionsbegriff wird so lange problematisiert, dass am Ende nur in lauter Bedenken ertränkte Ratlosigkeit übrig bleibt. In einigen Publikationen sieht man zwar die Notwendigkeit zu einem Perspektivwechsel, ist aber so stark auf das volkskirchliche Modell fixiert, dass der Umbau zu einer missionsförmigen Kirche unrealistisch erscheint.[48]

Dass auch die EKD erste schüchterne Schritte in Richtung missionarische Kirche gehen möchte, zeigte die EKD-Synode von 1999 in Leipzig, die dem Thema der Bedeutung von Mission für die Kirche gewidmet war. *Eberhard Jüngel* hielt das grandiose Hauptreferat mit dem berühmt gewordenen Satz »Wenn Mission und Evangelisation nicht Sache der ganzen Kirche ist oder wieder wird, dann ist etwas mit dem Herzschlag der Kirche nicht in Ordnung.«

Wer Mission will, wer seine Kirche fit machen möchte für eine neue Zeit, in der die Menschen Religion *wählen*, muss sich dem Thema *Konversion* stellen. »Bekehrung« war lange in meiner Kirche ein Unwort, ein negativ besetztes Reizwort, das nach Engstirnigkeit, Bekehrungsdruck, rigider Moral und Fundamentalismus klingt. Aber was eigentlich damit gemeint ist, nämlich ein Perspektivwechsel um Christi willen, ist genuin christlich. Es beginnt mit den Propheten, die das Volk aufriefen, sich von ihren gottlosen Wegen abzuwenden. Johannes, der Vorbote Christi, taufte die Leute als Zeichen ihrer Buße im Jordan. Das zentrale Thema der Verkündigung Jesu war der Ruf zur Umkehr, weil das Reich Gottes nahe herbeigekommen ist. Paulus bekehrte die Leute in ein neues Leben hinein, das nun Christus gehört. Mit ihnen gründete er Gemeinden. Das Thema Bekehrung zieht sich wie eine Leuchtspur durch die ganze Kirchengeschichte. In den dynamisch wachsenden Kirchen Afrikas, Asiens und Lateinamerikas ist Bekehrung ein Massenphänomen. Und bei uns? Es wird wieder ein wichtiges Thema in der Kirche, oder aber es gibt sie nicht mehr.

Eine persönliche Revolution der Gesamtschau

In meinem Dienst als Pfarrer und Gemeindegründer war ich unzählige Male Zeuge eines faszinierenden Prozesses: Ein Mensch entdeckt Gott. Er hatte das Thema vielleicht noch nie auf dem Schirm. Die meisten Bekehrungen aus einem nichtkirchlichen Umfeld geschehen statistisch gesehen durch nahestehende vertrauenswürdige Menschen, z. B. Freunde oder Arbeitskollegen, die ihn irgendwie mit Glaube und Kirche in Kontakt bringen. Erst hatte er überhaupt keinen Bock darauf. Aber nach und nach beginnt ihn das mit Gott zu interessieren. Er besucht einen Glaubenskurs. Nimmt an einer christlichen Freizeit teil. Und irgendwann merkt er, dass ihm das, was er da erlebt und fühlt, guttut. Und was er nie für möglich gehalten hätte, geschieht: Er wird gläubig. Er beginnt mit anderen die Bibel zu lesen. Und öfters spricht er jetzt auch ein Gebet. Was ist passiert? Es sind die ersten Schritte in ein neues, ein anderes Leben. Für diese Neuausrichtung gibt es ein strapaziertes Wort: *Paradigmenwechsel.* Folgende Geschichte illustriert, was ein Paradigmenwechsel ist.

In der U-Bahn während der Hauptverkehrszeit. Ein Vater mit seinen beiden, halbwüchsigen Söhnen. Sie toben herum, schreien, zerren Mitreisenden an den Sachen und nerven mit ihrem Benehmen alle im Wagen. Der Vater starrt apathisch vor sich hin, statt seine Kinder zur Ordnung zu rufen. Schließlich wird es einem Reisenden zu bunt. Laut wendet er sich an den Vater: »Können sie ihre beiden Jungs nicht etwas in Zaum halten? Sie sehen doch, dass sich andere Fahrgäste gestört fühlen.« Darauf erwidert der Vater: »Entschuldigen Sie. Wir kommen gerade aus dem Krankenhaus. Die beiden Jungs haben heute ihre Mutter verloren.« Schlagartig ändert sich die Atmosphäre. Mit einem Mal ist das Abteil von Mitgefühl und Verständnis erfüllt. Kein Kopfschütteln, keine Ablehnung mehr, stattdessen Sympathie und Anteilnahme. Niemand ist mehr genervt vom unmöglichen Benehmen der Kinder. Voll zärtlichen Erbarmens ruhen die Blicke der Reisenden auf den beiden.

Wir waren soeben Zeugen eines Paradigmenwechsels. Ein neuer Gesichtspunkt hat alles, was die Fahrgäste bisher dachten und fühlten, neu ausgerichtet. Die Entdeckung, dass Gott existiert, dass man ihn erfahren und mit ihm leben kann, hat eine völlig neue Sicht auf das Leben eröffnet. Der Glaube verändert die grundsätzliche Blickrichtung. Glaube ist mehr als eine neue Weltsicht. Er ist ein neues Leben aus der Gewissheit: Gott ist da, für mich da. Ich kann mit ihm rechnen. Er liebt mich. Ich gehöre zu Ihm. Glaube heißt, dass ein Mensch Gott entdeckt als liebevollen Ursprung, Grund und Ziel seines Lebens.

Weite und Tiefe von Konversion

Ich kann mich an viele theologische Diskussionen erinnern, wo über Bekehrung als etwas Überflüssiges, Schreckliches oder zumindest Peinliches gesprochen wurde. Meistens noch mit Erlebnissen garniert, wo Leute nach einer Bekehrung komisch geworden sind oder fanatisch oder rechthaberisch oder alles auf einmal. Auch ich könnte einige solcher Erfahrungen berichten. Noch mehr könnte ich von Menschen erzählen, deren Leben sich offensichtlich zum Guten wendete: Sie brachten ihre Ehe in Ordnung, hörten auf Drogen zunehmen, begannen ihr chaotisches Leben aufzuräumen, versöhnten sich mit Familienmitgliedern, mit denen sie heillos zerstritten waren, packten endlich ihr Studium an, das sie bisher wegen Party usw. vernachlässigt hatten. Dennoch verstehe ich die Kritiker von Bekehrung auch ein wenig. Bekehrung ist umfassender, ganzheitlicher, mehrdimensionaler als nur »ich und mein Jesus«. Es muss daher das Anliegen sein, den Bekehrungsbegriff aus einer evangelikalen Engführung herauszuführen. Die bereits benannten »Fünf Kennzeichen von Mission« der Anglikanischen Kirche sind ein markantes Beispiel dafür. Von einem alten Herrnhuter Bruder habe ich vor vielen Jahren eine Predigt gehört, in der er davon sprach, dass Nikolaus Ludwig Graf Zinzendorf, der Gründer der Herrnhuter Brüdergemeine, eine *dreifache Bekehrung* gelehrt habe: zu Christus, zur Gemeinde und zur Welt. Ich habe bei Zinzendorf nichts darüber gefunden, aber die drei Punkte verstand ich sofort.

Die dreifache Bekehrung: Erstens die Bekehrung zu Christus

Bekehrung ist ein Antwortgeschehen auf den Ruf Christi. Ein Mensch hört in seinem Herzen die Aufforderung Jesu: »Folge mir nach!« Von Lutherischen Christen hörte ich den Vorwurf, Bekehrung sei eine Form der Werkgerechtigkeit, ein Ausdruck menschlicher Hybris. Abgesehen davon, dass es diese Fehlform von Bekehrung tatsächlich gibt, ist Bekehrung in Wahrheit ein *Gnadenanruf* Gottes. Aber dieser fordert die Antwort des Menschen heraus. Den Ruf Christi zu vernehmen, aber trotzdem in seinem alten Leben zu verharren in der Annahme, dass das Heil mir trotzdem gehört, das ist »billige« Gnade (Dietrich Bonhoeffer: Nachfolge). Teure Gnade ist, wenn »der Jünger seine Netze verlässt und nachfolgt.« Aber passt dieser Ruf in die Nachfolge Jesu zusammen mit unserem Konzept von Emanzipation, Freiheit und Selbstbestimmung? Ist ein Jesus-bestimmtes Leben ein fremdbestimmtes? Es kommt ganz darauf an, wer und was der Mensch ist? Wenn es stimmt, dass es Gott gibt und dass wir geschaffen sind als ein Gegenüber seiner Liebe, dann hängt das Gelingen unseres Lebens davon ab, dass wir in die große Bestimmung unseres Lebens hineintreten, dann steht über den Menschen eine Sinngebung, für die er designed ist. Bekehrung ist daher die Antwort auf den Ruf Christi »Komm, ich will dich zum Menschenfischer machen!« wie im Fall des Petrus. Oder einfacher für uns: »Komm und folge mir! Du sollst mit mir die Sinnhaftigkeit und Schönheit des Lebens entdecken!«

Ich gehe sehr gern in Kirchen, um zu beten. Oft sind es katholische Kirchen, denn die sind meistens offen. Manchmal liegen Karten aus, auf denen Gebete abgedruckt sind. Die kann man sich mitnehmen. Eine solche Gebetskarte habe ich gefunden, die mir viel bedeutet. Auf ihr steht ein Hingabegebet an Christus, das ich gern bete. Es enthält eigentlich alles, was für die Bekehrung zu Christus wichtig ist:

Jesus, Sohn des lebendigen Gottes,
Dir weihe und schenke ich mich
als Dein Gut und Eigentum,
meinen Geist, meine Seele und meinen Leib.
Bevor ich geboren wurde, hast Du mich schon geliebt
mit ewiger Liebe.
Ich bin geschaffen, um Dir zu gehören und Dir zu dienen.
Ich will Dir nachfolgen alle Tage meines Lebens.
Mach mich zu einem Werkzeug
Deiner Liebe in dieser Welt.
Nichts verlange ich mehr, als dass Du mich gebrauchst
zur Freude Gottes und zum Segen für die Menschen.
Für alle Zeit und Ewigkeit
sollst Du über mich verfügen.
Das bete ich im Namen des Vaters,
des Sohnes und des Heiligen Geistes. Amen.

Zweitens: Die Bekehrung zur Kirche

Als Christ bin ich hineingestellt in die Kirche als Familie Gottes. Als solche hat sie konkrete Sozialgestalt: eine Ortsgemeinde, eine Kleingruppe, eine christliche Aktionsgemeinschaft. Gemeinde Jesu ist dort, wo Menschen zusammenkommen, um zu beten, zu lieben, die Bibel zu lesen, Gott und das Leben zu feiern. Eigentlich gibt es kein Christsein ohne das Eingebundensein in eine lokale Kirche. Ein Christ ohne Gemeinde – das ist wie ein Organ ohne Körper, ein Schaf ohne Herde, ein Kind ohne Familie. Die Menschen unserer Kultur sind geprägt von einem überzogenen Individualismus, der besonders in den Großstädten viele geistliche Waisen hervorgebracht hat: Christen, die ohne Gemeinde leben. In der Gemeinschaft der Kirche lernen wir das Evangelium kennen. Die Gemeinde ist auch der Ort, wo wir lieben lernen. Denn unter den Geschwistern gibt es auch schwierige Menschen, die uns Probleme bereiten. Wir sind aber mit ihnen zusammengestellt. Gott fordert uns durch sie heraus, zu verzeihen und zu lieben. Die Bekehrung zur Kirche ist der Entschluss, ich gebe mich um Jesu willen hinein in die Gemeinschaft, um zu dienen und mir dienen zu lassen. Was mich in meiner Wittenberger und Berliner Gemeinde begeistert, sind die Ehrenamtlichen, die sich mit Herz, Zeit und Geld investieren, damit die Gemeinde zu einem Ort des Segens wird.

In London war ich Gast in einem Gemeindegründungsprojekt. Eine neugotische Kirche, St. Pauls, mitten in einem lebendigen Stadtteil, stand jahrelang leer. Sie sollte nun verkauft werden. Aber es kam anders. *Holy Trinity Brompton*, eine Gemeinde in der Innenstadt, hatte sich durch Glaubenskurse (Alpha-Kurs) und Gottesdienste mit Band, Lobpreis, jungen Leuten und viel Kreativität zu einer starken Gemeinde mit vielen Mitgliedern und unterschiedlichen Diensten entwickelt. Sie begann, Teams auszusenden in leerstehende Kirchen und tote Gemeinden, um dort Kirche neu zu starten. Ein Team wurde gebildet. Ein junger Pfarrer mit Frau leitete als Pioneer Minister das »mission team« für St. Pauls. Man zog in den Stadtteil und begann mit der Arbeit. Meine erste Begegnung in der Kirche war ein Tanzkurs, den die neue Gemeinde anbot. Er fand in der Kirche statt. Es war genug Platz, da die alte Bestuhlung entfernt worden war. Mich berührte das Engagement der Teammitglieder. Sie hatten sich Wohnungen im Stadtteil gesucht und waren umgezogen, um nahe bei den Menschen zu sein, denen sie dienen wollten. Ich sah die Liebe und den Einsatz, mit der sie den Tanzkurs durchführten. Ca. 30 kirchenfremde Ehepaare waren gekommen. Wenn der Tanzkurs mit einem grandiosen Ball in der Kirche zu Ende geht, folgt der nächste Schritt: ein Glaubenskurs. Heute gehört dieses »Church Plant« zu den Vorzeigeprojekten der Kirche in der Hauptstadt. Von dieser Gemeinde zogen wiederum Teams an andere Orte, um neue Gemeinden zu pflanzen. Solche Multiplikation von lebendiger Kirche ist möglich, weil Menschen sich zu Christus und zur Kirche bekehrt haben.

Drittens: Die Bekehrung zur Welt

Ich war in eine Gemeinde eingeladen und sprach über die dreifache Bekehrung. Bei dem Punkt drei regte sich Widerstand bei einigen Frommen: »Aber in der Bibel steht doch: Habt nicht lieb die Welt. Und wir sollen uns zu ihr bekehren?« Ich verwies auf Johannes 3. Jesus sagt: »So sehr hat Gott die Welt geliebt, dass er seinen einzigen Sohn dahin gab, damit alle, die ihm vertrauen, nicht verloren gehen, sondern das ewige Leben haben:« Die Welt ist nicht einfach nur böse Welt, sondern sie ist von Gott geliebte Welt und damit das Arbeitsfeld der Kirche. Es geht hier um die von Gott geschaffenen und geliebten Menschen, nach denen Er sich sehnt. Gott sendet die Kirche in die Welt. Darum braucht es Menschen, die sich zu dieser Berufung bekehren. Die Kirche ist kein Selbstzweck, kein Kuschelclub der Frommen, sondern Gottes heiliges Werkzeug, um der Welt die Liebe des Schöpfers zu bringen in Wort und Tat. Die Kirche ist Gottes Instrument, um das Evangelium zum Klingen zu bringen, Jesu Mund, um die Menschen zur Freundschaft mit Gott einzuladen. Paulus nennt die Kirche den Leib Christi. Durch die Kirche soll die Gegenwart Christi erfahrbar werden. Er schreibt, dass die Gläubigen Botschafter Christi sind. Und durch sie ruft er: »Lasst euch versöhnen mit Gott!« Sich zur Welt zu bekehren heißt auch, sich zu den Menschen zu bekehren, zum Kampf gegen Armut, Hunger, Menschenhandel, Rassismus, Sklaverei. Bekehrung zu Welt bedeutet auch, sich einzusetzen für Geschlechtergerechtigkeit, Menschenrechte, Religionsfreiheit, Chancengleichheit, Bildung. Die Bekehrung zur Welt schließt auch das Engagement für die Bewahrung der Schöpfung und Schutz des Klimas ein. Denn in Jesus wurde Gott einer von uns. In Jesus kam der Schöpfer zu uns. Als Gott hat Jesus Tote auferweckt. Totenauferweckungen sind Schöpfertaten. Nur Gott kann das. Und Jesus hat damit nicht nur gezeigt, wer er ist, sondern er hat damit auch die Schöpfung geehrt. Und darum sollen wir auch die Schöpfung ehren, in dem wir sie bewahren. Bekehrung zu Welt ist die Bekehrung zu einer dienenden Existenz für die Welt.

Ich kenne eine Gemeinde in Erfurt, die »ConnectKirche«, die veranstaltet regelmäßig Müllaufräumeinsätze in der Stadt, um den Menschen und ihrem Ort etwas Gutes zu tun. Ich stelle sie weiter unten vor. Ihr Engagement ist auch eine Frucht ihrer Bekehrung zur Welt.

Bekehrung zu Christus, Kirche und Welt in gesunder Balance

Es gibt ungesunden Glauben. Es gibt eigenartige Christen. Meistens liegt es daran, dass sie nicht in Balance leben.

Erstens: Da gibt es die, die sich zu Christus bekehrt haben, aber sie bleiben mit ihrem Glauben allein. Keine Gemeinde ist ihnen gut genug: zu wenig fromm, zu viel komplizierte Leute, die Musik passt nicht, der Pfarrer ist zu weltlich. Was immer auch die Gründe sein mögen, sie sind nicht bereit, sich zum Dienen hineinzugeben in eine christliche Gemeinschaft. Sie haben auch nicht die Welt im Blick, die den Dienst der Kirche braucht. Und weil sie kaum Kontakt zur Kirche haben, werden sie eigenartig, anfällig für suspekte Sonderlehren und Verschwörungstheorien.

Die *zweite* Gruppe sind die Leute, die sich zur Kirche bekehrt haben und ihr dienen wollen. Aber sie haben kaum eine Christusbeziehung. Die Dimension des Gebetes kennen sie nur als kirchliches Ritual im Gottesdienst. Ihr Thema ist die Kirche. Wenn sie vom Glauben reden, reden sie von der Kirche. Was du von Jesus hältst, ob er tatsächlich der Sohn Gottes ist, der Messias, ist eigentlich nicht wichtig. Hauptsache man ist Kirchenmitglied. Jesus zu lieben, halten sie für übertrieben und fanatisch. Jesus sagt zu den Pharisäern: »Ihr sucht in der heiligen Schrift, weil ihr meint, darin das ewige Leben zu finden. Und tatsächlich weist sie auf mich hin. Aber ihr wollt nicht zu *mir* kommen, um dieses Leben zu haben« (Johannes 5). Christlicher Glaube ist nicht Glaube an die Kirche, auch nicht Glaube an irgendeinen Herrgott, sondern Leben in einer Liebesbeziehung mit Jesus, dem Gekreuzigten und

Auferstandenen. Als 2017 in Wittenberg die Weltausstellung anlässlich von 500 Jahre Reformation eröffnet wurde, gab es einen großen Open-Air-Gottesdienst auf dem Marktplatz. Eine Bühne war aufgebaut, viele Stuhlreihen für die Prominenz, das Fernsehen war im Einsatz. Eine bekannte Theologin hielt die Predigt. Sie sprach davon, wie großartig die Kirche ist, die so viel auf die Beine stellt. Ich habe nur mit dem Kopf geschüttelt. Was für eine brillante Gelegenheit wurde da vertan, den Menschen etwas über Jesus zu sagen. *Er* ist die Faszination der Kirche. Die Leute finden Kirche nicht toll. Unser Auftrag besteht nicht darin, uns selbst zu verkünden, sondern den, der alles für die Kirche und die ganze Welt gegeben hat. Man nennt das Ekklesiozentrismus, wenn die Kirche sich selbst in den Mittelpunkt ihres Tuns und ihrer Verkündigung stellt. In der ersten Fassung des EKD-Zukunftspapiers (Elf Leitsätze) tauchte 124 Mal das Wort »Kirche« auf, aber nur fünfmal Jesus bzw. Christus. Ekklesiozentrismus erkennt man daran, dass die Kirche zu sich einlädt, statt zu Jesus, von sich schwärmt, aber nicht von Jesus.

Zur *dritten* Gruppe gehören Christen, die sich dafür engagieren, die Welt zu einem besseren Ort zu machen. Sie kümmern sich um Obdachlose, arbeiten mit bei Amnesty International, wollen das Klima retten, demonstrieren für die Menschenrechte. Sie reduzieren den Glauben auf seine soziale Dimension. Christentum ist praktische Nächstenliebe und Weltverantwortung. Allein das ist wichtig. Jesus ist eigentlich ein Weltverbesserer. Gebet ist Selbstgespräch. Sie besuchen keine Gottesdienste, obwohl sie vielleicht in einem kirchlichen Werk beschäftigt sind. Kirche ist nur als Sozialagentur interessant. Sie sind der Überzeugung, falls es Gott gibt, dann wird er schon zufrieden mit mir sein, da ich mich durch mein Engagement als wahrer Christ erweise.

Gesunder Glaube lebt in der *Balance der Hingabe* an Christus, an die Kirche und an die Welt. Gott kann uns am besten gebrauchen, wenn wir Christus von Herzen lieben und ihm nachfolgen, wenn wir die Kirche als Familie Gottes lieben und in ihr dienen und wenn wir uns aus Liebe zu Gott von Herzen für das Wohlergehen der Welt engagieren. Menschen haben unterschiedliche Berufungen und gewichten ihr Leben gemäß ihrer Persönlichkeit und gemäß den Gaben, die Gott ihnen anvertraut hat. Es gibt Menschen, die leidenschaftliche Beter sind und viel Zeit damit verbringen, Gottes Gegenwart zu suchen. Andere setzen ihren Schwerpunkt darin, der Gemeinde zu dienen. Wieder andere sind nur glücklich, wenn sie sich einsetzten können für Notleidende. Aber alle drei Gruppen dürfen nie vergessen, dass gelebter Glaube immer in der Hingabe an die drei Dimensionen des Christseins besteht.

Wachsende Gemeinden und sechs Thesen

Selbst in Deutschland gibt es viele Gemeinden, die wachsen gegen den Trend. Deren Wachstum zu untersuchen, wäre eine dringende Aufgabe der hiesigen Religionssoziologie. Aber die befasst sich mit dem Niedergang der Großkirchen und empfiehlt, wie auf der EKD-Synode 2017, dass die Gottesdienste einladender und vor allem kürzer werden müssen. Im Bezugsrahmen eines Minimalchristentums ein vielleicht sinnvoller Rat. Er geht aber völlig am eigentlichen Problem vorbei. Kürzere Gottesdienste retten gar nichts. Das Problem ist nicht die Länge und das Unterhaltungsniveau, sondern die Relevanzkrise des Glaubens. Es gibt Gemeinden in unserem Land, die haben volle Gottesdienste mit hunderten von Besuchern und mehr. Die kommen aber nicht, weil es so schön kurz und einladend zugeht.

Die Frage ist, warum gibt es auch in Deutschland Gemeinden, die volle Gottesdienste haben mit begeisterten Menschen? Was machen die anders? Was haben aufbrechende Gemeinden für eine Christologie, die ja das Zentrum des Glaubens ist? Womit erreichen sie die Leute? Warum wenden sich diese dem Glauben zu?

Die Antwort auf diese Fragen würde sehr komplex ausfallen. Dennoch kann man die Komplexität in *sechs Thesen* zusammenfassen:

1. Gemeinden mit missionarischer Ausstrahlung funktionieren global nach den gleichen Basisgesetzen. Es gibt keinen deutschen Sonderweg.
2. Gemeinden mit missionarischer Ausstrahlung haben eine apostolische Christologie: Jesus Christus, der Sohn Gottes, der Retter der Welt, der durch seinen stellvertretenden Tod und seine Auferstehung die Versöhnung von Gott und Mensch bewirkt hat.
3. In Gemeinden mit missionarischer Ausstrahlung wird Christus als Gegenwärtiger und Wirkender angebetet, verkündigt und erfahren.
4. Gemeinden mit missionarischer Ausstrahlung wollen Menschen gewinnen und haben eine kontextuelle Konversionstheologie. Sie laden die Menschen ein, sich zu bekehren und Christus nachzufolgen.

5. Gemeinden mit missionarischer Ausstrahlung inkulturieren das Evangelium: Sie leben nahe an der Kultur der Menschen und sind progressiv in Kommunikation und Ästhetik.
6. Gemeinden mit missionarischer Ausstrahlung generieren ein hohes Commitment an Zeit und Finanzen.

Diese sechs Thesen finde ich überall bei Gemeinden mit missionarischer Ausstrahlung bestätigt und zwar unabhängig von ihrer Denomination oder ihrem Ort in der Welt.

Erstens weist die Fülle an religionssoziologischen Untersuchungen über den weltweiten Aufbruch des Christentums und über Gemeindewachstum auf die allgemeine Gültigkeit der sechs Thesen hin.[49]

Zweitens gibt es auch in Deutschland aufstrebende Gemeinden, an denen man die Gültigkeit der sechs Basisgesetze studieren kann. Es wäre eine wichtige Aufgabe für Theologen und Religionssoziologen, die geistlich-theologischen und die soziologischen Gründe für das Wachstum zu untersuchen. Ich habe als Pfarrer und Autor mit einem vollen Terminkalender nicht die Ressourcen, dieses unglaublich spannende Feld zu ergründen. Exemplarisch möchte ich hier kurz drei Gemeinden vorstellen, die ich kenne und die nach meiner Sicht eine wirklich gute Arbeit machen und Menschen erreichen, die aus einem unkirchlichen und oft auch atheistischen Hintergrund kommen. Alle drei Gemeinden befinden sich im Osten unseres Landes.

Das *Lutherhaus* in Jena in Thüringen ist eine Gemeinde, bei der ein Merkmal besonders auffällt. Es entspricht der These Sechs. Diese Gemeinde der Landeskirche (EKM) besitzt eine gewisse Unabhängigkeit vom Kirchensteuersystem. Sie finanziert nämlich einen der beiden Pfarrer und die zweite Hälfte der Jugendleiterstelle aus Spenden der Gemeinde sowie zwei Minijobs im Pfarrbüro. *Bernhard Jansa*, ein Thüringer Pfarrer eines erwecklichen Aufbruchs in den 1950er Jahren sagte immer: »Wo der Heilige Geist ist, da ist auch Geld.« Finanzielle Großzügigkeit verrät immer, dass da etwas geschieht, was Menschen begeistert. Das Zweite, was die Gemeinde heraushebt: es gibt ein stattliches Heer von 180 Ehrenamtlichen, obwohl die Gemeinde mit einem Stamm von 600 aktiven Gemeindegliedern nicht sehr groß ist. Jeder Christ soll gemäß seinen Gaben einen Platz in der Gemeinde finden, an dem er sich einbringen kann. Für die Zurüstung zur ehrenamtlichen Mitarbeit gibt es verschiedene Fortbildungsprogramme. Das Dritte, was anzeigt, dass das Lutherhaus in einem zukunftsfähigen Modus arbeitet: Man trifft dort viele Menschen, die zum Glauben gefunden haben, teilweise aus einem atheistischen Hintergrund. Regelmäßig finden Glaubenskurse statt, wo die Einladung zum Glauben ausgesprochen und gelebt wird. Die Gottesdienste der Gemeinde sind inkulturierend (These Fünf). Weil die Menschen verschieden sind, gibt es auch unterschiedliche Gottesdienstformate: Sonntagvormittag ein Gottesdienst für Familien mit Kindern. Die können, je nach Alter, in zwei Gruppen gehen, wo sie ein altersgerechtes Programm erwartet, das von einem zwanzigköpfigen Team Ehrenamtlicher verantwortet wird. Nachmittags findet ein Gottesdienst statt, den junge Familien ins Leben gerufen haben. Man trifft sich zu Lobpreis, Predigt bei Kaffee und Kuchen. Abends füllt sich die Kirche vor allem mit Studenten zu »Aufwind«, der kreativ und überraschungsreich gestaltet wird: Predigt, Anbetung, Band, neue und alte Lieder, Anspiele, Glaubensberichte, Gebetszeiten. Das Lutherhaus fährt eindrucksvoll eine *Doppelstrategie.* Zu einem wird die Parochie religiös versorgt, also die Gemeindemitglieder, die in diesem Pfarrbezirk leben. Zum anderen bricht die Gemeinde missionarisch auf zu neuen Ufern, um Menschen zu gewinnen, die mit Glauben und Kirche nicht viel im Sinn haben. Das Lutherhaus erweist sich damit als zukunftsweisende Projektgemeinde. An ihr können wir lernen, wie die Transformation von parochialer Betreuungskirche zur Missionskirche gelingen kann. Denn die Übermorgenkirche wird in der übergroßen Mehrheit aus Menschen bestehen, die Kirche und Glaube gewählt haben.

Wenn ich in Erfurt wohne würde, wäre die *Connectkirche* der Ort, an dem ich mich gern einbringen würde. Wer am Sonntagvormittag in der Innenstadt an der Michaeliskirche vorbei geht, einem würdigen Bau aus dem Mittelalter, würde sich wundern: Vor der Kirche stehen junge Leute mit Schildern »Schön, dass du da bist«. Von drinnen hört man das dumpfe Wummern eines Schlagzeugs. Wenn man reinkommt, gibt's erst mal einen leckeren Kaffee. Um die zweihundert Leute. Die meisten sind jung. Ein paar Ältere dazwischen. Ein junger Mann Ende Zwanzig, Vollbart, Jeansjacke, T-Shirt über der Hose, Turnschuhe, in der Hand ein Funkmikrofon, spricht über Jesus wie über sein Lieblingsfußballteam. Es ist *Kevin Herla,* der Gründer der Gemeinde. Er stammt aus einem atheistischen Elternhaus. Mit 18 erkrankt er schwer, wird operiert, ist lange krank, jemand schenkt ihm eine Bibel. Er findet zum Glauben. In ihm reift der Entschluss, Theologie zu studieren, um Pastor und Gemeindegründer zu werden. Nach dem Studium an einem pfingstkirchlichen Seminar zieht er mit seiner Frau Katharina nach Erfurt. 2017 starten sie mit zwei Freunden als Minikirche im Wohnzimmer. Sie vernetzen sich mit Kirchen und Pastoren der Landeshauptstadt. Als es im Wohnzimmer zu eng wird, gehen sie mit der wachsenden Schar von Interessierten in einen Hotelsaal. Das Gemeindeleben ist locker, bunt und unkonventionell: Kaffee verschenken an Passanten, Müllaktionen, Dankeskarten an Polizei und Oberbürgermeister, Geschenkeverteilaktion an Obdachlose, Weihnachtsgeschenke für einsame Senioren. Um die einhundert Ehrenamtliche, »Möglichmacher« genannt, engagieren sich. Bei jeder Aktion kommen sie mit unzähligen Leuten ins Gespräch. »Wir wollen den Leuten zeigen, wer Jesus ist, denn das verändert alles« sagt Kevin Herla. Die Gemeinde wächst. Leute lassen sich taufen. Kleingruppen werden gebildet, sogenannte ConnectGruppen, in denen man sich über der Woche trifft, über Fragen und Probleme sprechen kann, miteinander betet und sich praktisch unterstützt. Finanziert wird das Ganze über Spenden der Mitglieder und Sympathisanten. Viele geben den zehnten Teil ihres Einkommens. Die Gemeinde ist gut vernetzt mit anderen Kirchen in der Stadt. Wem der Stil der ConnectKirche zu jung und zu schrill ist, für den gibt es eine Liste von anderen Kirchgemeinden, die empfohlen werden. Vor einem Jahr habe ich für die Mitarbeiter ein Seminar gehalten. Die Hingabe der jungen Leute an Christus, an die Kirche und an die Menschen hat mich beeindruckt.

Ich treffe mich mit *Dirk Farr*. Mit ihm habe ich die Gründung der *Jungen Kirche in Berlin* Treptow angeschoben. Er und Nick Bolanz kamen vom Theologischen Seminar Liebenzell und machten ein Praktikum in der Jungen Kirche Berlin Lichtenberg. Ihre Vision: Eine ausstrahlende Gemeinde gründen im Osten Berlins. Nach einer Zeit der Vorbereitung zogen sie los, um eine Tochtergemeinde zu starten. Wir sandten einige unserer besten Mitarbeiter mit Ihnen aus. Nach zehn Jahren bin ich recht angetan, was aus dieser Arbeit geworden ist. Über einhundert Ehrenamtliche, viele Kleingruppen, die sich jeweils für ein Semester mit einem Semesterthema treffen. Es gibt eine blühende Jugendgruppe und eine wachsende Studentenarbeit und die Newcomer Lounge für die Neuen in der Gemeinde. Gottesdienste feiern sie am Vormittag in einem großen Kinosaal. Dirk bewegt eine Vision. In unmittelbarer Nachbarschaft ist ein neuer Stadtteil entstanden: Adlershof-West. Dort gibt es keine Gemeinde. Das Gebiet ist zwar einer klassischen Kirchengemeinde zugeordnet worden. Aber der neue Kiez ist doch ganz anders geprägt als der alte Nachbarstadtteil. Dirk Farr möchte dort eine Tochtergemeinde starten, um auch in diesem Kiez Menschen mit dem Evangelium zu erreichen. Erste Schritte hatte er mit einem Team bereits unternommen, aber dann kam Corona. Nun hofft er, später noch einmal starten zu können.

Fazit: Es gibt wachsende Gemeinden auch in Deutschland. Sie sind zumeist nicht so groß und spektakulär wie in anderen Teilen der Welt oder auch in Großbritannien. Aber mitten unter den Bedingungen von Säkularisierung und der Schrumpfung der klassischen Kirchentümer gibt es auch bei uns Kirchengemeinden, die sich dem Ziel verschrieben haben, Menschen für Christus zu gewinnen, die in keiner kirchlichen Kartei auftauchen.

Drittens habe ich viele Gemeinden weltweit besucht und dort die sechs Thesen bestätigt gefunden. Besonders beeindruckt hat mich dabei die *Mamlaka Hill Chapel* in Nairobi, die ich mehrmals besuchte und mit der ich nun auch durch ein missionarisches Projekt in der Stadtkirchengemeinde Wittenberg eng verbunden bin. Die Kenianische Gemeinde hat eine interessante Geschichte. Sie wurde gegründet in den 1950er Jahren als Nairobi Undenominational Church und bestand zum großen Teil aus englischen Siedlern mit anglikanischem und freikirchlichem Hintergrund und aus Angehörigen der britischen Armee, denn Kenia war zu der Zeit noch englische Kolonie. Das Gemeindewachstum endete abrupt in den 1960er Jahren, als Kenia unabhängig wurde und viele Briten das Land verlassen mussten. Die Gemeinde schrumpfte auf eine kleine Schar schwarzer Kenianer. 1988 hatte sie nur noch 20 Mitglieder. Im Angesicht des Endes der Gemeinde setzten sie den Gottesdienst aus und trafen sich stattdessen zum Gebet, um von Gott zu hören, wie es weiter gehen kann. Da wurde eine Idee geboren. Sie baten die Nairobi Baptist Church um Hilfe. Die sandte einen jungen Pastor, *Oscar Mirui,* mit Familie und sieben weiteren Familien in die sterbende Nairobi Church. Das Team modernisierte die Musik (modern worship) und machte Evangelisation zum Hauptziel. Die vitalisierte Gemeinde erreichte nun vor allem Studenten aus der nahen Universität und wuchs innerhalb von 10 Jahren auf 3500 Gemeindeglieder. Allein zum Studentengottesdienst jeden Donnerstagabend trafen sich durchschnittlich 600 Studenten. Auch viele soziale Projekte wurden initiiert. Die Gemeinde platzte aus allen Nähten. Sieben Gottesdienste am Sonntag konnten die vielen Menschen nicht fassen.

Daher traf man eine folgerichtige Entscheidung. Aus der einen Gemeinde heraus wurden fünf weitere Gemeinden in verschiedenen Stadtteilen Nairobis gegründet, die nun wiederum wuchsen und weitere Gemeinden gründeten. Die Kirche am alten Standort in unmittelbarer Nähe der Universität hieß nun nach dem Namen des Stadtteils Mamlaka Hill Chapel. Auch sie gründete weitere Tochtergemeinden. Heute hat die Muttergemeinde um die 3000 Gottesdienstbesucher und viele Gemeindegründungen und missionarische Projekte in vielen Teilen der Welt u. a. in der Lutherstadt Wittenberg. Der Schlüssel zum Wachstum dieser Bewegung, die aus einer im Sterben begriffenen Minigemeinde entstand, liegt im Gebet, in visionärer Leiterschaft, der Leidenschaft, Menschen für Christus zu gewinnen, dem zeitgemäßen Erscheinungsbild (z. B. modern worship) und vielen hochmotivierten Christen. Im Grund sind es die sechs Thesen in Anwendung, welche ich als Basisgesetze für ausstrahlende missionarische Gemeinden oben benannt habe.

Als ich in den Neunzigern das erste Mal in England war, um etwas über Gemeindegründung zu lernen, war ich total überrascht, eine alte Staatskirche im Wandel zu einer missionarischen Kirche zu erleben. Ein normaler Sonntagsgottesdienst in *Holy Trinity Brompton (HTB)*, einer anglikanischen Citykirche, hat mich verblüfft: eine rappelvolle Kirche mit vielen jungen Leuten, eine herausfordernde evangelistische Predigt, begeisterter Gemeindegesang begleitet von einer sehr coolen Band. Noch in den 1970er Jahren war Holy Trinity eine ganz normale Kirchengemeinde mit dem üblichen liturgischen Sonntagsgottesdienst mit fünfzig Besuchern fortgeschrittenen Alters. Doch was dann in den 1980ern geschah, glich einer »Mini-Reformation«. Die Gemeindeleitung spürte, dass sie irgendwie den Anschluss an die Gesellschaft verloren hatten. Sie entwickelten einen Glaubenskurs, bei dem es nicht nur um Glaubensinformation ging, sondern darum, dass Menschen zu einer Lebensgemeinschaft mit Christus finden und zu einem missionarischen Lebensstil. Dieser sogenannte *Alpha-Kurs* wird heute von Kirchen in 169 Ländern als wichtiges Tool gebraucht, um Gemeinden zum Wachstum zu führen. Sie veränderten den Musikstil der Kirche. Zu den Gottesdiensten spielten nun verschiedene Bands Anbetungsmusik im Stil von Rockmusik. Die alten Kirchenbänke wurden durch Stühle ersetzt. Soziale Projekte wurden gestartet. Viele Menschen fanden zum Glauben, u. a. Justin Welby, der jetzige Erzbischof von Canterbury. Heute hat HTB über 4500 Gottesdienstbesucher in 7 Gottesdiensten. Die Kirche zieht ungewöhnlich viele junge Leute an und gründete 20 neue Gemeinden. Mein Erstbesuch in HTB in den frühen 1990ern hat mein Denken geweitet. Leere Kirchen, in denen lediglich ein paar Senioren sitzen, das muss nicht der Normalfall sein in einer europäischen Metropole.

Als ich zu Beginn des neuen Jahrtausends *Heinz Floreck* kennen lernte, dem Gründer von ORA, einem u. a. in Indien agierenden sozialen Hilfswerk, sagte er mir: »Du musst als Gemeindegründer unbedingt *Dr. Francis Jackson* aus Bangalore, Indien, kennenlernen, um zu erleben, wie Gemeindegründung in der Dritten Welt funktioniert.« Francis Jackson hat über dreihundert Gemeinden gegründet. Er lud mich ein. Dreimal für vier Wochen war ich in diesem widersprüchlichen riesigen Land. Das dritte Mal nahm ich *Felix Eiffler*, einen Theologiestudenten an der HU in Berlin, mit. Ich habe die Entstehung von Gemeinden studiert, auf Pastorentreffen referiert und vor allem gepredigt: in der großen Muttergemeinde, auf Evangelisationen, in Tochtergemeinden in verschiedenen Stadtteilen, auch in missionarischen Projekten in den Slums und in Dörfern, die am Ende der Welt zu liegen schienen. Ich habe viel Armut gesehen, Theologien kennen gelernt, die ich fragwürdig finde, Korruption und Vetternwirtschaft wahrgenommen, in die mitunter sogar Pastoren involviert sind. Beeindruckt hat mich, wie die Inder beten: stundenlang und intensiv. Und ich habe gelernt, welche wichtige und für Gemeindegründung oft konstitutive Bedeutung Heilungen und Befreiung von dämonischen Belastungen haben. Aber wie schräg auch manches war, was ich in den Gemeinden erlebte, immer fand ich eine kraftvolle Christologie mit einem machtvoll handelnden Christus vor.

Ich habe auch *zwei Megakirchen* besucht, um zu verstehen, wie solche riesigen Gemeinden funktionieren, was ihre Stärken und Schwächen sind, aber vor allem, worin ihre Dynamik liegt, solche Menschenmassen zu mobilisieren. 1996 verbrachte ich einige Tage in der *Willow Creek Church* in Chicago mit über 10.000 Gottesdienstbesuchern und einem gigantischen Gemeindezentrum mit eigener Autobahnabfahrt. Gegründet wurde diese Gemeinde in den 1970ern von einer Handvoll Jugendlicher in einem Kino. 2008 war ich eingeladen in eine Megakirche in Australien, der 1983 gegründeten *Hillsong Church* in Sidney mit 20.000 Gottesdienstbesuchern an zwei Standorten. Ich verbrachte dort zehn lehrreiche Tage mit vielen Begegnungen. Beide Gemeinden, die erste eher evangelikal, die andere pfingstlich-charismatisch, zeichneten sich aus durch hochbegabte Leiter und ihre Teams, und durch ein schlüssiges missionarisches Konzept verbunden mit dem Geschick, Strukturen zu bauen, die fast beliebig multiplizierbar sind. Interessant war für mich, wie die sechs Basisprinzipen dieses Buches auch dort die Gemeindearbeit formierten. Auffällig ist in beiden Kirchen eine große Leidenschaft, Menschen mit der Botschaft zu erreichen, dass Christus, der Erlöser, hier und heute Menschenleben transformiert und ihnen eine Berufung gibt in dieser Welt. Das kulturelle Setting erinnerte bei beiden Gemeinden eher an ein Popkonzert oder das Funktionieren einer profitablen Eventfirma. Ich fand alles sehr beeindruckend, aber auch einschüchternd, da in diesen Gemeinden der Einzelne unterzugehen droht. Man versucht dem zu begegnen durch ein ausgeklügeltes Kleingruppensystem. Ich denke aber, dass statt einer Riesengemeinde zehn kleinere Gemeinden, die an verschiedenen Standorten agieren, effektiver wären. Der Wunsch nach »ganz groß« ist wohl auch nicht gänzlich frei von menschlichem Ehrgeiz.

Hillsong hat sich seitdem zu einer *globalen Bewegung* entwickelt. Sie gründen Gemeinden in den Großstädten aller Kontinente. Die meisten haben fast durchweg mindesten eintausend Gottesdienstbesucher. Allein in Deutschland gibt es bereits 5 Gemeinden, eine in Berlin mit knapp eintausend Besuchern. Man trifft dort die Leute, die in unseren evangelischen Kirchen fehlen: jung, hip, global. Die verbreitete Meinung, dass junge Menschen für den Glauben nur schwer zu gewinnen sind, findet man dort widerlegt. Ich male mir aus, was die Evangelische Landeskirche in Berlin für eine mitreißende Glaubensbewegung sein könnte! Diese Kirche verfügt über enorme finanzielle Mittel, coole Locations mitten in der Stadt (die neogotischen Kirchen), gut ausgebildetes

Führungspersonal und ihr zu Füßen eine junge Millionenstadt. Wo hängt da das System?

Die Balance von progressiv und konservativ

Die globale religionssoziologische Perspektive zeigt: Wachsende Gemeinden sind nicht einfach nur konservativ. Sie haben eine *Doppelstrategie.* Einerseits haben sie eine *konservative* Christologie verbunden mit dem Enthusiasmus, Menschen in die Nachfolge Jesu zu rufen. Im Bereich Moral sind diese Gemeinden zumeist sehr konservativ. Besonders in Sachen Sexualmoral vertreten sie Ansichten, die – zumindest aus westlicher Sicht – unerträglich streng und gestrig sind. Andererseits sind diese Gemeinden auffällig *progressiv.* Sie sind digital gut vernetzt bei Facebook, Youtube, Instagram und Twitter. Es gibt Kirchen, die sogar eine eigene App haben. Eine informative, gut gestylte Homepage ist ein Must-have. Sie enthält Texte, Bilder, Videoclips, wo man sich in die Musik und die Verkündigung der Gemeinde reinklicken kann. Die Regel lautet heute: wer nicht im Internet ist, den gibt's nicht. Überhaupt ist das ganze Erscheinungsbild aufstrebender Kirchen auffällig zeitgemäß. Die Flyer wirken cool und professionell. Ihre Veranstaltungen sind multi-medial aufgerüstet. Die Kirchen sind innen farbig ausgeleuchtet und vollgestopft mit modernster, teurer Technik. Das gilt selbst für ehrwürdige alte Gemäuer wie Holy Trinity in London. In den Gottesdiensten experimentieren sie mit moderner Kunst und Musik, lieben unkonventionelle, kreative Gottesdienstformen, bei denen viele unterschiedliche Menschen mitmachen. Überhaupt surfen diese Gemeinden elegant am Lebensgefühl und der Kultur ihrer Zielgruppen entlang. Um Menschen anzusprechen, die sonst in keine Kirche gehen, kreieren sie z. B. Musicals mit einer Mischung aus Verkündigung, modernen Popsongs, Tanz und Glaubenszeugnissen. Eindrückliches Beispiel ist »Chrismas Experience« des ICF (International Christian Fellowship) in Zürich, einer großen Freikirche, die überall in Europa neue Gemeinden startet (zwei gibt's auch in Berlin).

Die Gottesdienste in der Mamlaka Hill Chapel in Nairobi z. B. werden live im Internet übertragen. Neben dem Altarraum (sie nennen es Stage-Bereich) hängen zwei riesige Monitore, auf denen die Texte zum Mitsingen runtergescrollt werden. Die »Abkündigungen« sind medienwirksam gemachte 30-Sekunden-Kurzfilme. Als Frank Koine, unser Missionar aus dieser Kirche, das erste Mal in Wittenberg zum Gottesdienst war, konnte ich seine Gedanken lesen: Wie rückständig geht es denn im reichen Europa zu? Statt Monitore hundert Jahre alte Anschlagtafeln für die Liednummern. Gesangbücher, in denen das neueste Lied 50 Jahre alt ist. Als Musik nur Orgel, keine Band. Dabei gehört unsere Wittenberger Mutterkirche der Reformation mit ihrer sehr kostspieligen Akkustikanlage noch zu den modernsten Kirchen.

Die Affinität für zeitgemäße Formate hat einen tieferen Grund. Diese Gemeinden leben fast ausnahmslos eine leidenschaftliche, missionarische Spiritualität, verbunden mit einem Gespür für die Anschlussfähigkeit des christlichen Glaubens an Kultur und Spiritualität des sozialen Kontextes.

Um die Spannung von progressiv und konservativ besser zu verstehen, ist dieses Diagramm entstanden:[50]

Zwischen progressiv und konservativ

PROGRESSIV		KONSERVATIV
	KULTUR	
Geschmack progressiv: Musik, moderne Kunst, Kleidung		*Konservativ, seriös, bürgerlich*
Kommunikation multimedial		*eher kritisch gegenüber modernen Medien*
Global, Englisch als Zweitsprache		*eher Regional*
	SOZIAL	
Jeder willkommen, kaum moralischer Druck, die Werte dieses Milieus zu übernehmen,besonders in sexualethischen Fragen		*Nur bedingt jeder willkommen, Bekehrungsdruck. Es wird streng-christliche Lebensführung erwartet: kein Alkohol, Rauchen etc.*
Keine besonderen moralischen Standards		*Einhaltung strenger moralischer Standards*
Toleranz gegenüber spätmodernen und alternativen Lebensstilen		*Erwartet wird ein konservativer Lebensstil*
Kein festes Rollenbild von Mann & Frau		*Festes Rollenbild: Ehe & Familie*
Kaum Anforderungen hinsichtlich Geld, Zeit, Mitarbeit		*Hohe Anforderungen an Geld, Zeit, Mitarbeit*
Commitment niedrig Verbindlichkeit niedrig		*Commitment hoch Verbindlichkeit hoch*
Guter Kontakt zur Umwelt		*Separation, wenig Kontakt zur Umwelt*
	THEOLOGIE / SPIRITUALITÄT	
Säkulare Spiritualität		*Exklusive Spiritualität*
Bibel: rein historisches Buch		*Bibel: Gottes Wort, Verbalinspiration*
Ablehnung der Jungfrauengeburt		*Geboren von der Jungfrau Maria*
Wunderkritisch		*Wunder sind Ausweis der Göttlichkeit Jesu*
Kreuz: keine Stellvertretung. Symbol für alles Leiden in der Welt		*Kreuz: stellvertretendes Sühneopfer*
Keine leibliche Auferstehung Jesu, nur Symbol für seine bleibende Bedeutsamkeit		*Leibliche Auferstehung, leeres Grab. Erweis Göttlichkeit*
Viele Wege zu Gott. Jesus ein Weg neben anderen		*Jesus ist der einzige Weg zu Gott*
Kein jüngstes Gericht. Kaum Aussagen über das Jenseits. Keine Hölle. Himmel?		*Klare Vorstellungen von Himmel und Hölle. Es gibt ein letztes Gericht mit doppelten Ausgang: Himmel oder ewige Verdammnis.*
	SEXUALMORAL	
Alles erlaubt, wenn beide es wollen. Es gibt viele unterschiedliche sexuelle Prägungen.		*Sex nur in der Ehe. Kein vorehelicher Sex Homosexualität ist Sünde. Es gibt nur Zwei Geschlechter.*

Schauen wir uns zunächst die linke Seite an: die *progressiven Milieus*. Stellen Sie sich vor, Sie würden in den einzelnen Spalten ankreuzen, wo Sie sich bzw. Ihre Gemeinde oder Gemeinschaft verorten würden. Wenn Sie die meisten Kreuze auf der linken Seite des Diagramms setzen, dann gehören Sie eher zu einem liberalen oder ultraliberalen Milieu. Wenn wir voraussetzen, dass der kulturelle Mainstream eher links-liberal tickt, dann ist ihre Spannung zur Sie umgebenden Kultur relativ gering. Lebensgefühl, Lebenspraxis, Werte und kulturelles Setting entsprechen eher dem Umfeld. Das ist der Fall vor allem in großstädtischen Milieus. Im Erzgebirge beispielsweise geht der kulturelle Mainstream eindeutig in Richtung konservativ. Ich habe als Berliner und Gemeindegründer eher einen urbanen, säkularen und spätmodernen Kontext im Blick, denn in den urbanen Zentren entscheidet sich vor allem die Zukunftsfähigkeit christlicher Gemeinden. Die Moralvorstellungen in progressiven spätmodernen Milieus unterscheiden sich nicht oder kaum von einem säkularen Umfeld. Auch die religiösen Denkmuster über den christlichen Glauben, die Person Jesu und die Bedeutung der Bibel bewegen sich im Rahmen eines reduktiven Settings, wie es von vielen Menschen in unserer säkularen Gesellschaft verstanden wird. Für die missionarische Dynamik bedeutet das zweierlei:

Erstens: Die Stärke christlich liberaler Milieus besteht darin, dass sie sympathischer und kommunikativer sind als streng konservative christliche Milieus, weil Menschen in den toleranteren spätmodernen Lebenswelten leichter Annahme und Akzeptanz finden und sich eher angenommen und willkommen fühlen, egal was sie glauben oder wie sie sexuell leben. Angehörige spätmoderner Lebensformen haben zumeist viele Kontakte zum sozialen und kulturellen Umfeld.

Zweitens: Gemäß der Basisthesen in diesem Buch wird eine Gemeinde oder Gemeinschaft mit einer reduktiven Theologie und besonders mit einer modernistisch verdünnten Christologie nicht die missionarisch notwendige Dynamik generieren. Das scheitert an fehlender geistlicher Kraft, die aus einer biblischen Christologie kommt, und das scheitert aus demselben Grund am defizitären Commitment. Der Heilige Geist bekräftigt keinen Christus, der durch einen fundamentalistischen Rationalismus seiner Göttlichkeit und Messianität entkleidet ist. Dieser Jesus fasziniert und begeistert nicht, so dass Menschen ihm von Herzen nachfolgen und sich mit ihrem Leben, Gaben, Zeit und Geld berufen lassen, Gott in Kirche und Welt zu dienen.

Werfen wir einen Blick auf die rechte Seite des Diagramms, wo die *konservativen und ultrakonservativen* Milieus verortet sind. Wenn Sie bzw. Ihre Gemeinde oder Gemeinschaft in den einzelnen Spalten eher auf der rechten Seite des Diagramms Ihr Kreuz setzen würden, wären Sie zwar näher dran an der Bibel, am biblischen Christus und der reichen geistlichen Tradition des Christentums, Sie hätten aber ein anderes Problem, das einen missionarischen Aufbruch in die Gesellschaft verhindert. Zwar generiert eine konservative schriftgemäße Christologie ein hohes Commitment der Christen, aber viele Brücken zur umgebenden Gesellschaft sind abgebrochen. Das volle Evangelium, dass Jesus der für alle gestorbene und auferstandene Gottessohn und Erlöser ist, besitzt eine ungeheure Faszination, die zu echten und tiefen Entscheidungen für Christus führen kann. Aber wenn die Welt diese Botschaft nicht hört, weil die Christen nur in ihrer frommen Nische rumhängen, gibt es keinen missionarischen Aufbruch. Das ultrakonservative Setting führt zu einer christlichen Bunkermentalität, die eine Inkulturation des Evangeliums in den sozialen Kontext von Nichtchristen verhindert. Die Kluft zur umgebenden Kultur ist einfach zu groß. Die Christen schotten sich ab von einer »sündigen« Welt. Sie haben weitgehend den Kontakt zum sozialen und kulturellen Umfeld verloren und entwickeln ihre eigene fromme Sprache (»Sprache Kanaans«) und sind den »normalen« Menschen entfremdet.

Fazit: Gemeinde, welche die Menschen mit dem Evangelium erreichen will, wird immer in der *Spannung von progressiv und konservativ* agieren, weil einerseits die Kraftquellen des christlichen Glaubens in einer biblischen Christologie liegen, die Jesus nicht degradiert zum moralischen Influenzer, Lehrer des rechten Weges oder Prediger einer zu verwirklichenden heilen Welt. *Progressive Milieus* müssen die biblische Christologie entdecken, um zur missionarischen Dynamik zu finden. Das bedeutet, dass im Bereich Theologie/Spiritualität die Schwerpunkte des Glaubens eher auf der rechten Seite des Diagramms liegen sollten, wenn Sie missionarisch in die Gesellschaft aufbrechen wollen.

Bei *konservativen Milieus* muss die Kultur der Gemeinde anschlussfähig an den gesellschaftlichen Kontext formiert sein. Dazu gehören eine Nähe zur Kultur der Menschen, zeitgemäße Kommunikation, Wertschätzung anderer Religionen, Sensibilität für unterschiedliche Lebenskonzepte und ein sympathisches Church-Design. Eine missionarische Gemeinde lebt davon, dass sie viele Kontakte hat in die Strukturen der Gesellschaft hinein und dass sie von Menschen wahrgenommen wird als respektvoll und freundlich. Missionarische Gemeinden sind nahe an den Lebenswelten der Menschen dran und leben dennoch eine vom Evangelium inspirierte Gegenkultur. Darum sollten die Schwerpunkte in den Spalten unter Kultur und Sozial eher im linken Bereich des Diagramms liegen. Die hohe theologische Spannung konservativer Milieus zu religiösen Vorstellungen der Umwelt muss *kulturell kompensiert* werden: *Erstens* durch gute Kontakte zu den Menschen, die keine Christen sind. Konkret heißt das, dass sie in wichtigen kulturellen Dingen das Leben der Menschen teilen: Musik, Kommunikation, Design, Stil, Medien, Bildung, Sprache, Lebensgefühl. Bei frommen Menschen trifft man häufig auf die Sorge, christliche Werte zu verlassen, wenn man sich zu sehr auf die säkulare Kultur einlässt. Der Grundsatz lautet: Man muss gut in der Mitte verankert sein, wenn man sich weit hinaus lehnen will. Und *zweitens* muss die hohe Spannung zur umgebenden Kultur ausgeglichen werden durch ein sympathisches Erscheinungsbild von Kirche in der Öffentlichkeit.

Es gibt in der evangelikalen Szene ein neues Phänomen: die Postevangelikalen. Das sind Menschen, die in einem zumeist ultrakonservativen Setting zum Glauben gefunden haben, oft sogar in diesem Umfeld als Evangelisten wirkten, dann aber ausgebrochen sind. Sie konnten die Enge, Rechthaberei und rigide Sexualmoral im konservativen Milieus nicht ertragen und mittragen. Ihr Glaube hat sich verändert und ist heute eher auf der linken Seite unseres Diagramms anzusiedeln. Allerdings denke ich, dass sie die biblische Christologie nicht aufgegeben haben, weil der reduktiv überfremdete Jesus nicht attraktiv und glaubwürdig ist. Ich kenne einige Leute, die sich im ultrakonservativen Milieu bekehrt haben, dann aber durch ihr Studium, zumeist ein geisteswissenschaftliches, und ein neues offenes und kritisches Umfeld mit ihrem alten Glauben nicht mehr klarkamen. Sie durchlebten einen Prozess der Neuformatierung in Richtung eines liberalen Christseins. Umgekehrt gibt es nicht wenige Gläubige, die im liberalen Setting ihren Glauben fast verloren hätten, und im konservativen Setting Jesus Christus neu entdeckten – oft durch Kontakt mit konservativ katholischen Gemeinschaften oder charismatischen Gemeinden. Ich selbst hatte in meiner Glaubensgeschichte eine liberal-reduktive Phase. Ich bin aber durch mehre übernatürliche Erlebnisse, die ich als Eingreifen Gottes wahrgenommen habe, in meinem liberal gewordenen Glauben erschüttert worden. Heute bin ich vielleicht so etwas wie ein evangelikal-liberaler Lutheraner mit katholischen und pentekostalen Neigungen.

In Berlin sind in den letzten Jahren viele neue missionarische Initiativen entstanden, die eine interessante Mischung von konservativ und progressiv darstellen: Nachbarschaftsprojekte, Gemeinschaftshäuser, neue Gemeinden, Gebetskeller, Migrantenkirchen, Kleinkunstbühnen, Shops, Szene-Cafes. Sie erreichen meistens junge Menschen, also genau die Gruppe, die in den Landeskirchlichen Gottesdiensten der Hauptstadt fehlt. Und bei allem spielt der christliche Glaube die tragende Rolle.

Eine neue Kultur

Persönliche Erfahrung

Im volkskirchlichen Modell ist die persönliche Glaubenserfahrung nicht so wichtig. Man glaubt irgendwie mit der Kirche. Das hat sich total verändert. Heute muss man sich rechtfertigen, wenn man Christ ist. Besonders im Osten, wo der Volksatheismus die Leitreligion ist. Aber auch im immer noch ein bisschen volkskirchlichen Westen Deutschlands geraten Christen zunehmend in Erklärungsnot. In der *ZEIT* habe ich einen Satz von einer jungen Journalistin gelesen, der mir im Gedächtnis blieb:

»Wenn ich heute mit meinen Freunden über Kirche rede, dann darüber, ob es okay ist auszutreten.« Wer drinbleiben will, braucht Gründe. Religiöse Theorien reichen heute nicht, um in seiner Glaubensentscheidung fest zu bleiben. In den 1960er Jahren sprach *Karl Rahner*, einer der wichtigsten katholischen Theologe des 20.Jahrhunderts, eine Wahrheit aus, deren Bedeutung wir zunehmend erkennen: «Der Christ der Zukunft wird Mystiker sein, einer, der etwas erfahren hat, oder er wird nicht sein«.[51] »Mystiker« ist ein Begriff aus der katholischen Tradition und bezeichnet Menschen, deren Spiritualität von einem persönlichen Erleben Gottes geprägt ist. Heute finden Menschen eher über die Erfahrung einen Zugang zum Evangelium als über den Intellekt. Ein Glaubenssatz der Postmoderne lautet: *»Nur was ich fühle, ist real.«* Ich merke es bei Jugendgottesdiensten, Lobpreisnächten, Gesprächen bei Freizeiten am Lagerfeuer: Wenn jemand erzählt, was er mit Gott erlebt hat und vor allem auch, wie er Gott erlebt hat, weckt das die Neugier. Menschen wollen erfahren, ehe sie glauben. Man kann diese Emotionalisierung des Glaubens furchtbar finden. Das ändert aber nichts an der Tatsache, dass das spirituelle Erleben ein wichtiger Faktor auf dem Weg zum Glauben ist. Die Erlebnisfixierung ist gerade für die Anfangsphase des Glaubens normal und wichtig. Daher machen viele Christen in der ersten Zeit, nachdem sie Jesus für sich entdeckt haben, die stärksten Glaubenserfahrungen. Für eine missionarische Kirche ist es daher wichtig, dass sie mit dem Thema »Glaube und Gefühl« verantwortungsvoll umgeht. Das bedeutet einerseits: Gefühl zulassen, im Gemeindeleben Erfahrungsräume für den Heiligen Geist schaffen, emotional predigen. Es gibt Predigten, die suggerieren unterschwellig, dass der Glaube nichts mit Erfahrung zu tun hat. Ich finde das falsch und problematisch, weil man damit vielen den Zugang zum Glauben verbaut. Andererseits bedeutet ein verantwortungsvoller Umgang mit religiösen Emotionen, dass in Seelsorge und Verkündigung klar werden muss, dass der Glaube nicht auf Gefühlen steht, sondern auf dem, was Jesus Christus für uns und alle Welt getan hat.

Überall, wo Menschen heute »den Heiligen Geist spüren«, kommen die Leute, dort boomt Religion. Das geht von Taizé-Gebetsnächten, Lobpreis-Konzerten, charismatischen Event-Gottesdiensten bis hin zur Berlin-Worship-Night (eine Veranstaltungsreihe verschiedener Kirchen mit mehreren Lobpreisbands und kurzen Verkündigungseinheiten). Diese Formate erfreuen sich zunehmender Beliebtheit und werden in Zukunft eine wachsende Bedeutung bekommen.

Wenn wir hier von Glaubenserfahrungen sprechen, thematisieren wir ein altes und gegenwärtig wieder sehr lebendiges Mysterium der Kirche: die geheimnisvolle Gegenwart Gottes, die Menschen seit zweitausend Jahren erleben, wenn sie das Angesicht Christi suchen. Dr. Johannes Hartl, katholischer Theologe und Gründer des Gebetshauses Augsburg, schrieb in einem Facebook-post: »Es gibt genau eine Sache, die die Kirche attraktiv macht: die Gegenwart Gottes. In allem anderen sind politische Parteien, Rockkonzerte oder Erlebnisparks besser.«

Eine neue Ästhetik

Wir sind heute von Bildern umgeben in einer eindrücklichen Perfektion: Videoclips, Internet, Filme, Konzerte, Facebook, Instagram. Diese Bildsprache hat eine neue Ästhetik geschaffen, die viele Menschen unbewusst verinnerlicht haben. *Apple* ist zu einer Kultmarke geworden, weil ihr Gründer *Steve Jobs* ein Design-Genie war. Er hat die Sehnsucht der Leute nach Schönheit intuitiv erfasst und eine neue Formsprache entwickelt: eine charmante Synthese aus Funktion und Design. Die neuen Medien haben das Sehen einer ganzen Generation geformt. Junge Menschen scannen ihre Umgebung nach schön oder hässlich, cool oder uncool, stylisch oder spießig: Menschen, Klamotten, Flyer, Plakate, Gemeinderäume, alles. Wer erlebt, mit wie viel Kreativität und Hingabe junge Leute das Design eines Gottesdienstes oder einer Party gestalten, der bekommt einen lebendigen Eindruck dafür, wie relevant diese neue Ästhetik für die Zukunft ist. Künstlerische Beiträge wie audiovisuelle Medien, Musik, Theater, Tanz, Malerei, Poetry Slam ziehen Menschen in ihren Bann. Auf dieser Ebene sind sie besonders empfänglich für die christliche Botschaft. Das großartigste Bühnendesign seit langem habe ich auf einer christlichen Konferenz erlebt: MEHR in Augsburg. Diese Mischung aus Licht, Musik, Formen und Farben haben nicht nur mich fasziniert. Ein Blick auf die Kunstgeschichte macht deutlich: Die schönste Musik, die herrlichsten Gebäude, die großartigsten Gemälde, die beeindruckendsten Glasfenster sind geschaffen worden, um Gott zu preisen und Seine Geschichte mit dieser Welt zu erzählen. Die Vollkommenheit und absolute Schönheit Gottes, die Menschen im spirituellen Erleben des Ewigen begegnet, drängt auch heute nach Gestaltung in der Welt.

Neun Faktoren der Faszination
Zusammenfassend sind es neun Faktoren, welche Menschen heute an Kirche und Glaube faszinieren können:

- das Erleben der Gegenwart Christi
- eine Haltung des Respekts gegenüber Atheisten und Andersgläubigen
- gute Gemeinschaft, in der jeder Liebe und Annahme erfährt
- eine Willkommenskultur: »Schön, dass es dich gibt und dass du da bist«
- Sensibilität dafür, dass Menschen ihre eigene Geschichte und ihren persönlichen Weg zum Glauben haben
- die authentische, verständliche und einladende Weitergabe der frohen Botschaft
- finanzielle Freiwilligkeit: »ich entscheide, wohin mein Geld geht«
- viele hochmotivierte Ehrenamtliche
- eine neue Ästhetik

Schluss

Deutschland gilt, was das Christentum anbetrifft, als Entwicklungsland. Zwar gibt es die beiden Großkirchen, aber sie entfalten nicht die Attraktivität, die man bei Kirchen zumeist außerhalb Europas findet. Die evangelischen und katholischen Religionsmonopolisten haben weithin ein Minimalchristentum als Erbgut. Die Gemeinden können zwar rein statistisch auf viele Tausend Mitglieder verweisen, aber die meisten davon sind völlig inaktiv und betrachten Kirche vor allem als Dienstleister an bestimmten

Eckpunkten des Lebens. Was Kirche eigentlich meint, ist außerhalb ihres Blickfeldes. Der Niedergang der beiden Großkirchen eröffnet die Chance, den Kirchenbetrieb auf Evangelisation umzustellen. Dabei darf im Zentrum nicht die Gewinnung von neuen Mitgliedern stehen, sondern die Sehnsucht Gottes nach einer Liebesbeziehung mit uns, die ihren tiefen Ausdruck findet in der Sendung Jesu. Der Schrumpfungsprozess, den wir gerade erleiden, ist aber noch mehr als eine Chance. Er ist eine alternativlose Aufforderung zur Mission.

Welche Gemeinden werden die christliche Zukunft unseres Landes bestimmen? Was wird nicht nur überleben, sondern blühen und wachsen? Die Kirche der Zukunft wird das kostbare allerheiligste Evangelium demütig hochhalten. In ihr wird ein faszinierender Jesus geglaubt und verkündigt, der die Lust, Liebe und Macht hat, das Leben von Menschen zu berühren mit Freude, Kraft und Hoffnung. Es wird Bekehrungen geben und Taufen. Die Christen werden aus Liebe zu Gott und aus Liebe zu den Menschen zu Boten Christi werden in dieser Welt. Diese Kirchen und Gemeinden werden denkbar verschieden sein: sozial, lutherisch-konservativ, evangelikal, cool und stylisch, katholisch-papsttreu-marienfromm, charismatisch, hochkirchlich-liturgisch, familienorientiert. Sie alle vereint der Glaube an den Jesus Christus der Heiligen Schrift, den Erlöser der Welt, Lamm Gottes und Herrn aller Herren. Und sie alle treibt die Liebe Christi, einer von Gott geliebten Welt das Evangelium zu bringen in Wort und Tat.

Auf die Kirchen kommt ein Umgestaltungsprozess nie geahnten Ausmaßes zu. Er beginnt im Kleinen mit Projekten und Gemeinden, die sich auf den ursprünglichen

Auftrag der Kirche besinnen und auf ihre Kraft. Denn Pfingsten war und Pfingsten ist heute. Der Himmel ist offen.

Zusammenfassung: Zwölf Leitsätze der Hoffnung

Ein wacher Blick in den Himmel und einer in die Welt eröffnen einen ungeahnten Horizont, was möglich ist und was geschieht, weil Jesus lebt und damit auch die Kirche. Es gibt himmlische und irdische Gründe, dass Niedergang, Unglaube, Schwund in die Bedeutungslosigkeit, Anpassung an das ideologische und hedonistische Gesellschaftsklima bis zum totalen Profilverlust *nicht* das Schicksal des Christentums in Europa und in Deutschland sind. Diese Gründe habe ich in zwölf Leitsätzen der Hoffnung zusammengefasst.

Erstens: **Der christliche Glaube hat auch bei uns eine gute Zukunft, weil Jesus lebt. Das Grab ist leer. Nun ist offensichtlich, wer Jesus ist: Gott, der zu uns kam, die Menschen zu erlösen. Ihm ist gegeben alle Macht.**
Jesus baut sein Reich bis die Welt vollendet wird.

Zweitens: **Pfingsten war damals, Pfingsten ist heute. Wir leben unter einem geöffneten Himmel. Der Heilige Geist ist ausgegossen und wirkt das Wunder von Gottes Gegenwart, die Menschen erneuert und inspiriert.**
Unzählige Menschen erleben - damals, heute, morgen -, dass Jesus ihr Leben transformiert, heilt, erneuert, erlöst von Sinnlosigkeit und Furcht und mit einer grandiosen

Hoffnung durchweht und eine Gemeinschaft konstituiert: die Kirche als Familie Gottes.

Drittens: **Die Sehnsucht nach spiritueller Selbstvergewisserung in einer komplizierter werdenden und bedrohlichen Wirklichkeit wächst, und die Fragen nach Identität, Sinn, Wahrheit, Zukunft, Gotteserfahrung, Gemeinschaft sind präsenter denn je. Genau darin liegt die Kernkompetenz des christlichen Glaubens.**
Der christliche Glaube ist relevant gerade auch in unserer Zeit und Kultur.

Viertens: **Die Kirche als Familie Gottes ist eine dynamische Bewegung, die um die ganze Welt läuft und Sozialgestalt in verschiedenen Kirchentümern annimmt: von den Katholiken und Orthodoxen, von den Lutheranern und klassischen Freikirchen, bis hin zu den Charismatikern und Pfingstlern.**
Trotz vieler Verirrungen und Schuld in der Geschichte ist der christliche Glaube heute eine kraftvolle Bewegung, denn Jesus, der Herr und Initiator, baut seine Ekklesia, wie er es versprochen hat.

Fünftens: **Die Kirche der Zukunft wird ihre Kernaufgabe darin sehen, Menschen zum Glauben zu rufen und damit in eine Entscheidung für ein Leben als Jünger und Jüngerin in der Nachfolge Christi.**
In Europa geht eine Ära zu Ende. Das Modell der Volkskirche, zu der einmal alle (mit Ausnahme der Juden) automatisch und ungefragt gehörten, ist Vergangenheit. Es scheitert an den Herausforderungen einer offenen liberalen Gesellschaft, in der die Menschen Religion frei wäh-

len. Die Religion der Zukunft ist gewählte, weniger institutionell vererbte. Es werden diejenigen religiösen Player erfolgreich sein, die überzeugend, begeisternd und nahe am Menschen agieren.

Sechstens: **Die Krise des europäischen Christentums eröffnet die Chance und Notwendigkeit einer radikalen Neuformatierung. Aller Aufbruch zum lebendigen Glauben und vitaler Kirche beginnt mit der Umkehr zu Jesus, zu den Kraftquellen des Glaubens und zum eigentlichen Auftrag der Kirche.**
Die Kirchen in Europa befinden sich unter massivem Veränderungsdruck. Ein paar kosmetische Eingriffe wie Anpassung der christlichen Lehre an den Zeitgeschmack, Verschlankung des Verwaltungsapparates und Flucht in den moralisch-politischen Aktionismus werden den Abwärtstrend eher verstärken.

Siebentens: **Die Kirche der Zukunft wird aufbrechen zu einer erneuerten Theologie, in der nicht mehr der alles zersetzende Zweifel das normative Prinzip ist, sondern die Mission Gottes (Missio Dei) in die Welt.**
Die europäische universitäre Theologie, und insbesondere die deutsche, ist weithin eurozentrisch, provinziell, erfahrungsarm, rationalistisch verengt, zu wenig mystisch, zu verkopft und zu unanschaulich. Sie hat die Skepsis zum normativen Prinzip erhoben und ist einem materialistisch-reduktiven Setting verhaftet. Das Denkraster liberaler Theologie ist ein Auslaufmodell. Sein Einfluss hat die Volksfrömmigkeit verletzt und verhindert die Dynamik, die für einen Aufbruch der Kirche nötig ist. Die alte Fragestellung der Theologie lautete: Was können wir

noch glauben? Die neue Fragestellung lautet: Wie können wir das Heil in Christus vollmächtig hinein sprechen in die unterschiedlichen Milieus und Kulturen, so dass die Menschen das Evangelium verstehen und positiv darauf reagieren können?

Achtens: **Die Kirchen Europas stehen vor einer vitalisierenden Wiederentdeckung der Christologie, wer Jesus ist und was er für alle Menschen getan hat. Jesus, der Sohn Gottes, der Erlöser der Welt, ist das Zentrum des Glaubens und die Quelle grenzenloser Faszination. Eine Kirche, die daraus lebt, wird aufbrechen in die Welt mit Liebe und Vollmacht.**
Wir haben in Europa, besonders in Deutschland, weithin eine materialistisch-reduktive Theologie mit einer beschädigten Christologie. Das hat den Glauben und die missionarische Kraft der Kirchen paralysiert mit der Folge einer desaströsen geistlichen Frucht- und Vollmachtslosigkeit. Die Kirche wird zurückfinden zu dem Jesus, den die Bibel bezeugt, von dem die altkirchlichen und reformatorischen Bekenntnisse sprechen und dessen Gnade das Leben vieler Menschen geformt hat.

Neuntens: **Die europäischen Kirchen samt ihrer Theologie werden aufbrechen aus der Fixierung auf die europäischen Verhältnisse einer volkskirchlichen Vergangenheit und demütig von den globalen christlichen Bewegungen lernen, was es heißt zu glauben, zu missionieren, die Kraft zur Multiplikation zu generieren, Gemeinden zu gründen und soziale Dienste zu initiieren.**
Der Niedergang des Christentums ist der Anruf Gottes, die vernachlässigten Themen wie Mission, Bekehrung,

Jüngerschaft, Wort Gottes, Wirken des Heiligen Geistes, Anbetung usw. unter der Perspektive einer biblischen Christologie und Pneumatologie (Lehre vom Heiligen Geist) in den Focus zu nehmen. Das Leben der Kirche als Zeugnis, Anbetung und Diakonie ereignet sich in einem neuen Horizont einer weltweiten Bewegung. Kirche ist globale Lerngemeinschaft in der Schule des Heiligen Geistes. Die europäischen Kirchen der Zukunft werden sich an Modellen des weltweiten Aufbruchs orientieren: Gemeinden, in denen sich Menschen bekehren, Gemeinschaften, die aufbrechen, um der Welt in Wort und Tat mit dem Evangelium zu dienen.

Zehntens: **Die Kirche der Zukunft, die sich nicht zurückzieht auf ihre Tradition, ihren Bestand, ihre Kultur und ihre Gebäude, wird die Dynamik des Heiligen Geistes suchen und erfahren.**
Die Pneumatologie wird nicht länger das Stiefkind der Theologie sein, weil der Heilige Geist ein missionarischer Geist ist. Er bevollmächtigt Menschen, das Evangelium in Tat und Wort zu verkünden und Er bekehrt Menschen zu Jesus Christus. Heilig-Geist-Erfahrungen führen zur theologischen Reflexion und damit zu einer erneuerten Theologie.

Elftens: **Die Kirche der Zukunft wird eine missionarisch geformte Kirche sein mit einem erneuerten Selbstverständnis des einzelnen Christen und damit der ganzen Kirche. Christsein heißt, dass der einzelne berufen ist, als Jünger Jesu Träger und Botschafter des Christusheils in dieser Welt zu sein. »Wie mich der Vater gesandt hat, so sende ich euch« sagt Jesus.**

Die Kirche ist als Summe der durch Jesus Gesendeten das *Instrument der Mission Gottes* (Missio Dei), um der Welt die suchende und versöhnende Liebe des Schöpfers in Wort und Tat zu bringen. Die Ära geht zu Ende, in welcher der normale Christ (der »Laie«) zum Religionskonsumenten degradiert war, zum bloßen Empfänger von Wort und Sakrament. Das allgemeine Priestertum aller Getauften (Luther) bzw. das Laienapostolat (Lumen Gentium Nr. 33) macht die Kirche in der Gesellschaft erst zu dem, wozu sie berufen ist: Licht und Salz der Erde zu sein.

Zwölftens: **Die Kirche der Zukunft wird in der Balance von progressiv und konservativ das Evangelium kulturrelevant und kontextgemäß in die unterschiedlichen gesellschaftlichen Milieus kommunizieren. Progressiv ist sie in ihrer Missiologie und Ekklesiologie; konservativ in ihrer Christologie, welche eine biblische, von reduktiver Überfremdung gereinigte sein wird. Denn diese wird die nötige Dynamik und das erforderliche Commitment für einen Aufbruch des Glaubens generieren.**
Viele neue missionarische Projekte werden entstehen, die attraktive und kreative Formen von Spiritualität praktizieren.

DANKE …

Der knieende Dank geht an *Damaris Garth*. Sie musste wochenlang einen geistig abwesenden Mann erleben. Aber es gab auch manchen schönen Corona-Lockdown-Abend.

Pfr. Fabian Mederacke, mein ehemaliger Vikar und nun Kollege an St. Marien in Wittenberg, hat das Manuskript noch mal durchgesehen und hilfreiche Anregungen gegeben.

Dr. Johannes Hartls 12-teilige christologische Vortragsreihe »Die Herrlichkeit Christi« hat mich sehr inspiriert. Sie ist das Beste, das ich zu diesem Thema kenne.

Dr. Felix Eiffler hat in seiner großartigen Dissertation »Kirche für die Stadt« eine unglaubliche Fülle an missionarischem Wissen zusammengetragen. Davon habe ich profitiert.

Paul Badde, Buchautor, Historiker und Journalist in Rom, mein »Manoppello-Bruder«, danke für die Hilfe bei der Auffindung des Manuskripts der Rundfunkansprache von Joseph Ratzinger 1969.

Dr. Hinrich Bues begleitet als Freund, katholischer Theologe, Publizist und Missiologe schon viele Jahre meinen Dienst. Ihm verdanke ich viele Anregungen.

Pfr. Jan von Campenhausen, Berlin, hat mich zu diesem Buch ermutigt: »Schreib das bloß!«

Claudia Porcelli war als italienische Muttersprachlerin mit mir auf Spurensuche hinsichtlich des Ratzinger-Zitats aus der Rundfunkansprache.

Albert Christian Sellner, Journalist, half mir, das Manuskript der Rundfunkansprache von Joseph Ratzinger ausfindig machen.

Dirk Farr, Gemeindegründer, Pastor, danke für viele gute Gespräche über Missionstheologie, Gemeindegründung und Mitarbeiter-Coaching.

Jürgen Eisen, Pastor und Leiter von Exponential Europe, Mitarbeiter in einer weltweiten Gemeindegründungsbewegung, war mit seiner globalen Sicht für Mission und Multiplikation ein enorm bereichernder Impulsgeber.

Stefan Hänsch, Gründer und Pastor icf-Berlin, hat mich ermutigt, denn es ist wunderbar zu sehen, wie jemand mit Hingabe, Kreativität und Liebe eine Gemeinde gründet, die einfach cool ist.

Thorsten Putscher hat mich als Katholik sehr bereichert durch die hochkulturellen Gespräche, die ich mit ihm führen durfte.

Dr. Markus Till ist zu danken für seinen Blogg und seine Postings. Sie verraten seine Leidenschaft für eine von reduktiver Überfremdung gereinigte Christologie.

Pfr. David Brunner ist für mich ein Hoffnungsträger mit seinen Ideen für eine aufbrechende Volkskirche.

*Kevin Herla*s Gemeindegründung in Erfurt »ConnectKirche« ist ein Hoffnungszeichen für viele.

Dr. Annette Weidhas, Verlagsleiterin, verdanke ich wichtige Impulse. Die Gespräche mit ihr sind überaus inspirierend.

Gareth Lowe kam mit Familie und Team aus Südafrika, um in Berlin die Every Nation Church zu gründen, ausgesandt von einer Kirche in Kapstadt mit einer globalen Sicht für Mission.

Pfr. Holger Schmidt teilt mit mir manchen Schmerz über die beschädigte Christologie in unserer Kirche. Aber wir gehören zur GmbH der Familie Gottes (Gesellschaft mit begründeter Hoffnung).

ANMERKUNGEN

1 New York Times, 25. Februar 1968, 3: »A bleak outlook is seen for religion«.

2 Das globale religiöse Erwachen ist sehr gut dokumentiert. Ich gebe hier eine Auswahl an Literatur wieder, die tiefer in die Materie hineinführen:
Rodney Stark: The Triumph of Faith. Why the World is More Religious than Ever, 2010.
Rodney Stark & Roger Finke: Acts of Faith: Explaining the Human Side of Religion, 2000.
Eric Kaufmann: Shall the Religious Inherit the Earth? Demography and Politics. In: The Twenty-First Century, 2010.
Philip Jenkins: The Next Christendom. The Coming of Global Christianity, Oxford 2007.

3 David Martin: Europa und Amerika. Säkularisierung oder Vervielfältigung der Christenheit – Zwei Ausnahmen und keine Regel, in: Kallscheuer, Otto (Hrsg.), Das Europa der Religionen, Frankfurt am Main 1996, 178f.

4 Markus Spieker: Übermorgenland. Eine Weltvorhersage, 2019, 303.

5 Joseph Ratzinger: Ansprache im Hessischen Rundfunk am 25.12.1969. Die Kopie des Manuskripts der Ansprache befindet sich bei mir. Die Auffindung der

Rundfunkansprache begann damit, dass ich auf einer deutschen Facebook-Seite ein Zitat fand, das lediglich eine ins Deutsche übersetzte Fassung eines italienischen Zitats war, aber ohne jede Quellenangabe. Schließlich fand ich das italienische Zitat im Internet samt dem Hinweis, dass das Zitat aus einer deutschen Rundfunkansprache stammt. Ich kontaktierte daraufhin Paul Badde, Journalist, Filmemacher und Historiker in Rom, und bat ihn um Hilfe. Wir kennen uns von einem Besuch in Manoppello. Er startete eine Anfrage an Erzbischof Gänswein, dem persönlichen Referenten von Papst Benedikt, und an Kardinal Müller. Aber niemand kannte das Zitat. Paul Badde gab mir die Emailadresse von Albert Christian Sellner, Journalist in Frankfurt/M. Von ihm bekam ich die Emailadresse des Archivs des Hessischen Rundfunks. Dort fand sich tatsächlich eine Rundfunkansprache von Professor Joseph Ratzinger, dem späteren Papst Benedikt XVI., die er am 25.12.1969 hielt. Dabei stellte sich heraus, dass die italienische Facebook-Fassung des Zitats lediglich eine Zusammenfassung war. Das jetzt hier im Buch verwendete Zitat ist ein Auszug aus der Rundfunkansprache. Leider gibt es diese nicht mehr im Audio-Format, aber als Manuskript, das der damalige Professor und spätere Papst vermutlich seiner Schwester in die Schreibmaschine diktierte. Die Auffindung der Rundfunkansprache ist, so Paul Badde, »eine kleine Sensation«.

6 Zwei Bücher haben mich besonders zu diesem Kapitel inspiriert:
Rodney Stark: The Rise of Christianity. Stark, 1997.
Gerhard Lohfink: Wie hat Jesus Gemeinde gewollt?, 1982.

7 Stephane Courtois u. a.: Das Schwarzbuch des Kommunismus - Unterdrückung, Verbrechen und Terror, 1998.

8 Vishal Mangalwadi, Das Buch der Mitte. Wie wir wurden, was wir sind. Die Bibel als Herzstück der westlichen Kultur, 2016.
Vishal Mangalwadi, geb. 1949 in Indien, ist ein indischer Philosoph, Buchautor, Referent, Sozialreformer, Politiker und Theologieprofessor. Die US-Zeitschrift CHRISTIANITY TODAY bezeichnete ihn als den »führenden christlichen Intellektuellen Indiens«.

9 Die Hexenverfolgungen, die oft in den Zusammenhang mit den Verbrechen der Kirche genannt werden, sind eigentlich ein Rudiment alter heidnischer Ängste, die zwischen 1430 und 1760 und fast nur im deutschsprachigen Raum wieder auflebten. Die Todesurteile sprachen weltliche Gerichte aus, zumeist mit Billigung der juristischen Fakultäten, nicht der theologischen.
Wolfgang Behringer: Hexen: Glaube, Verfolgung, Vermarktung, 2020.
Arnold Angenendt: Toleranz und Gewalt: Das Christentum zwischen Bibel und Schwert, 2012.

10 Joseph Ratzinger: Gesammelte Schriften. Band 8/2, Kirche – Zeichen unter den Völkern, Freiburg im Breisgau 2010, 1143.

11 Klaus-Peter Jörns: Die neuen Gesichter Gottes. Was die Menschen heute wirklich glauben, 1997, 226.

12 Klaus-Rüdiger Mai: Geht der Kirche der Glaube aus? Eine Streitschrift, 2018, 44f.

13 Hans Conzelmann & Andreas Lindemann: Arbeitsbuch zum Neuen Testament. Tübingen 2004, 3.

14 In meinem Buch «Warum ich kein Atheist bin« gehe ich näher auf die Auferstehung Jesu ein und auf die Auseinandersetzung mit verschiedenen Deutungsversuchen.
Alexander Garth: Warum ich kein Atheist bin. Glaube für Skeptiker, 2015, bes. 215ff.

15 Klaus Berger: Die Bibelfälscher. Wie wir um die Wahrheit betrogen werden, 2013, 345.

16 Gerhard Maier: Das Ende der historisch-kritischen Methode, 1975, 3.

17 Ingolf U. Dalferth: Wirkendes Wort. Bibel, Schrift und Evangelium im Leben der Kirche und im Denken der Theologie. Leipzig 2018, XX.

18 Alexander Garth: Zweifel hat Gründe – Glaube auch, 2015.
In diesem Buch setzte ich mich näher mit dem Kreuzestod Jesu auseinander, bes. 195ff.

19 Die Arbeitshilfe »Weggemeinschaft und Zeugnis im Dialog mit Muslimen« Download: https://www.ekir.de/www/mobile/service/weggemeinschaft-zeugnis-19148.php.

20 Rodney Stark & Roger Finke: Acts of Faith: Explaining the Human Side of Religion. 2000, 261.

21 Rodney Stark & Roger Finke: Acts of Faith: Explaining the Human Side of Religion, 2000.
Roger Finke & Rodney Stark: The Churching of America 1776–2005. Winners and Losers in Our Religious Economy.

22 Roger Finke & Rodney Stark: The Churching of America 1776–2005. Winners and Losers in Our Religious Economy, 2005, bes. 235–285.

23 Ross Douth, Can Liberal Christianity Be Saved? The New York Times, 14.7.2012.

24 Roger Finke & Rodney Stark: The Churching of America 1776–2005. Winners and Losers in Our Religious Economy, 2005, 169–190.

25 Dean M Kelley, Why Conservative Churches are Growing, 1977, 1.

26 Rodney Stark: The Triumph of Faith. Why the World is More Religious than Ever, 2010, 185–204.

27 Roger Finke & Rodney Stark: The Churching of America 1776–2005. Winners and Losers in Our Religious Economy. 2005, 246.

28 Timothy Keller: Glauben Wozu? Religion im Zeitalter der Skepsis, 2019, 39.

29 Timothy Keller: Glauben Wozu? Religion im Zeitalter der Skepsis, 2019, 38.

30 In meinem Buch »Die Welt ist nicht genug« berichte ich davon, wie eine junge, eigentlich völlig atheistische Frau von ihrer Freundin in einen unserer Gottesdienste mitgebracht wurde und was dann geschah. Alexander Garth: Die Welt ist nicht genug: Wenn Menschen Gott entdecken, 2010, 47ff.

31 https://www.anglicancommunion.org/mission/marks-of-mission.aspx.

32 Martin Mosebach: Die 21: Eine Reise ins Land der koptischen Martyrer, 2018, 151.

33 Hans Urs von Balthasar: Betrachtendes Gebet, 2017, 139.

34 Ruth Simsa (Hrg.): Management der Nonprofit Organisation, 2001, bes. 171–185.

35 https://www.churchconvention.de/cc/.

36 Rodney Stark: The Triumph of Faith. Why the World is More Religious than Ever, 2010.
Eric Kaufmann: Shall the Religious Inherit the Earth? Demography and Politics. In: The Twenty-First Century, 2010.
Mark A.Noll: From Every Tribe and Nation. Turning South: Christian Scholars in an Age of World Christianity. A Historian Discovery of the Global Christian Story, 2014.

David B. Barrett: Schism and Renewal in Africa. Analysis of Six Thousand Contemporary Religious Movements, 1969.
Philip Jenkins: The Next Christendom. The Coming of Global Christianity, Oxford 2007.

37 Menschen mit anderer sexuellen Orientierung mögen mir verzeihen, dass ich diese Geschlechterkonstellation gewählt habe. Man kann diese auch ändern.

38 »Start with the church and the mission will probably get lost. Start with mission and it is likely that the church will be found.« In Mission-Shaped Church: Church Planting and Fresh Expressions of Church in a Changing Context, 116.

39 Callum G. Brown: The Death of Christian Britain, 2009, 188.

40 Church House Publishing: The Truth shall make you free. The Lambeth Conference, 1988.

41 George Carey. In: Bop Hopkins (Hrg): Planting New Churches, 1991, 30.

42 Michael Herbst (Hrg.): Mission bringt Gemeinde in Form: BEG-Praxis (Beiträge zu Evangelisation und Gemeindeentwicklung Praxis), 2008.

43 https://www.eauk.org/idea/is-there-a-theology-for-pioneering.cfm.

44 https://livingchurch.org/covenant/2016/12/16/is-anglicanism-growing-or-dying-statistics-the-cofe-and-the-anglican-communion/.

45 Was ist »evangelikal«? Die evangelikale Bewegung, zu der nach vorsichtigen Schätzungen ca. 1,3 Milliarden Christen gehören, ist sehr vielseitig und lässt sich daher schwer eingrenzen. Zu ihr gehören landeskirchlich gemäßigte Christen, Freikirchler, Charismatiker, fundamentalistische Gruppierungen, Pfingstler, weiße Konservative in den USA, aber auch Hochkirchler und Christen mit einer starken sozialen Ausrichtung.
Der britische Historiker David Bebbington hat vier allgemein anerkannte Identifikationsmerkmale benannt:
1) Erfahrung einer persönlichen Bekehrung bzw. Wiedergeburt.
2) Konzentration auf Jesus Christus als gekreuzigten Herrn und Erlöser.
3) Bibelfrömmigkeit und Orientierung an biblischer Lehre und Ethik.
4) Aktive Bemühung um Weltgestaltung im Sinne von Mission und Diakonie.

46 Fritz Laubach: Justinian von Welz, 2010.
Fünf Gründe für die Ablehnung von Mission in einer Stellungnahme der Theologische Fakultät der Universität Wittenberg vom 24. April 1652:
1) Es ist ja bereits allen Menschen gepredigt worden, und zwar durch Adam, Noah und die Apostel.
2) Der Missionsbefehl Jesu gilt nur den Aposteln.
3) Die Apostel haben den Missionsbefehl bereits erfüllt.

4) Die Heiden sind ungehorsam und undankbar gewesen, deshalb wurde ihnen das Evangelium wieder genommen.
5) Es gibt in allen Erdteilen Christen, von denen die Heiden, wenn sie nur wollten, das Evangelium hören können.

47 https://www.europa.clio-online.de/essay/id/fdae-1480?title=1972-3-ende-der-weltmission-der-europaeische-protestantismus-kehrt-nach-hause-zurueck&recno=1&q=Kunter&sort=newestPublished&fq=&total=1.

48 Ralph Kunz: Vom Mission Statement zum Mission Movement. In: Philipp Elhaus & Tobias Kirchhof (Hrsg.): Kirche sucht Mission. Kirchenentwicklung in missionarischer Provokation, Leipzig 2020.

49 Ich verweise dabei u. a. auf die Forschungsergebnisse von 1) Rodney Stark, 2) dem Institut für Natural Church Development (Natürliche Gemeindeentwicklung: NGE) von Christian A. Schwarz, das über 70.000 Kirchengemeinden aus unterschiedlichsten christlichen Konfessionen auf der ganzen Welt untersuchte mit der Fragestellung: Gibt es Prinzipien, nach denen Gemeinden wachsen. Und 3) Fuller Theological Seminary in Kalifornieren.

50 Inspiriert ist dieses Diagramm von Rodney Stark & Roger Finke: Acts of Faith. Explaining the Human Side of Religion, 2000, 151–155.193–197.

51 Karl Rahner, Schriften zur Theologie. Bd. 7: Zur Theologie des geistlichen Lebens, Einsiedeln 1966, 22.